Der Wegweiser zu heutigen Lebens-Fragen

Reiner Strunk

FÄHRTEN ZU DEN LEBENSQUELLEN

Der Wegweiser zu heutigen Lebens-Fragen

Edition Evangelisches Gemeindeblatt

Die Deutsche Bibliothek verzeichnet diese Publikation in der Deutschen Nationalbibliografie; detaillierte bibliografische Daten sind im Internet über http://dnb.ddb.de abrufbar.

© 2018, Verlag und Buchhandlung der Evangelischen Gesellschaft GmbH, Stuttgart
Augustenstraße 124, 70197 Stuttgart, Telefon 07 11/60 10 00, Fax 6 01 00 76, www.verlag-eva.de

Alle Rechte vorbehalten.

Gestaltung und Satz: Cornelia Fritsch, Gerlingen
Titelfoto: © Dieter Skubski, Stuttgart
Druck: CPI books GmbH, Leck
ISBN 978-3-945369-56-2

INHALT

9 Zum Geleit
ERNST MICHAEL DÖRRFUSS

12 Einleitung:
VON FÄHRTEN UND FÄHRTENLESERN

1 GOTT

17 Volkstrauertag/ Buß- und Bettag
EINER, DER MIT SICH REDEN LÄSST
  1.Mose 18, 20-33

22 Sonntage nach Trinitatis
STUFEN DER BARMHERZIGKEIT
  2.Mose 34,1-7

28 Erntedank
ENTTÄUSCHE LIEBE
  Jesaja 5,1-7

34 Passionszeit
KANN GOTT DAS ZULASSEN?
  Hiob 38,11

41 Trinitatis
IN DER NACHT KOMMT'S AN DEN TAG
  Johannes 3, 1-8

5

2 JESUS CHRISTUS

49 Sonntage nach Trinitatis
ENTGEGENKOMMEN
Matthäus 15, 21-28

55 Weihnachten/ Epiphanias
AUCH EIN VERLORENER SOHN
Lukas 2, 41-52

61 Sonntage nach Trinitatis
ZWISCHEN FRUST UND FÜLLE
Lukas 5, 1-11

67 Sonntage nach Trinitatis
WEM DIE AUGEN AUFGEHEN
Lukas 18, 35-43

73 Erntedank
HUTZELBROT UND HIMMELBROT
Johannes 6, 47-51

79 Himmelfahrt
ERFAHRUNGEN VON ZWISCHENZEIT
Apostelgeschichte 1,3-11

3 GEIST UND KIRCHE

85 Sonntage nach Trinitatis
EINE SCHWIERIGE WAHL
1.Korinther 1, 26-29

92 Sonntage nach Trinitatis
VERSÖHNUNG IST SCHWERARBEIT
   1.Mose 50, 15-21

98 Kantate
ZAUBER DER MUSIK
   1.Samuel 16, 14-23

104 Exaudi / Pfingsten
SCHWACHES HERZ – STARKER GEIST
   Römer 8, 26-28

110 Silvester/ Neujahr
WANDERN UND BLEIBEN
   Hebräer 13,14

116 Advent
KLEINE KRAFT
   Offenbarung 3, 7-13

123 Toten-/ Ewigkeitssonntag
AM ENDE – DER ANFANG
   Offenbarung 21, 1-5

129 Ostern
EIN ÖSTERLICHES SOMMERLIED
PAUL GERHARDTS „DIE GÜLDNE SONNE"

ZUM GELEIT

Während meines Studiums hat mich die Einsicht Karl Barths bewegt, dass Theologie mit der Bibel in der einen Hand und der Zeitung in der anderen Hand zu treiben wäre – um zu verstehen, was Menschen bewegt und um in Erfahrung zu bringen, wie Gott seine Menschen liebt.

Die Lektüre der in diesem Band versammelten Predigten Reiner Strunks zeigt, wie gut es ist, wenn an die Seite der Zeitungslektüre die Lektüre von Trappergeschichten, Kriminalromanen, Texten von Eduard Mörike oder Matthias Claudius tritt – und die Erinnerung an Geschichten, die das Leben schreibt; das eigene Leben oder das der Mitmenschen. Weil alle diese Texte, Erzählungen und Geschichten es wert sind, mit der Bibel versprochen zu werden.

Deren vielfältiger Botschaft spürt jede einzelne Predigt auf besondere Weise nach. Jede Einzelne lädt auf ihre Art dazu ein, neu hinzuhören, neu dem nachzudenken, was die biblischen Texte heute sagen wollen und sagen können.

Zu Herausforderungen und Fragen unserer Gegenwart nehmen die Predigten Stellung, ohne sich in dieser Gegenwart zu verlieren. Ganz ohne Geschwätzigkeit kommen sie sprachgewaltig daher und durch und durch poetisch. Oft sind es schlichte Sätze, mit denen ihr Autor in Worte kleidet, was er mit den mit ihm Hörenden teilen will. Gereimtes wird zu Gehör gebracht, die mit der Bibel als dem großen Erzählbuch geteilte Freude am Erzählen steckt an – und nimmt mit auf

Spurensuche, Fährtenlese und Entdeckungsreise. Mit beiden Füßen auf dem Boden ist er zugleich offen für das ganz Andere; auch dafür, wie die biblische Botschaft unser Innenleben berührt, hinterfragt, ihm Orientierung gibt.

Nie biedert sich der Prediger an, tut es gerade dort nicht, wo er Persönlich-Biographisches einstreut in seine Predigten, den Bibeltext dabei gleichsam erdend. Keine Predigt belehrt, alle Predigten aber sind lehrreich. Sie ermutigen zu nüchterner Gelassenheit, auch und gerade wenn nicht jede Predigt mit einem „Happyend" schließt. Sie fordern auf zur Wachsamkeit gegenüber allen Verführern.

Reiner Strunks Predigten spüren dem nach, was die biblischen Erzähler sagen wollen, sie suchen nach Fährten – und finden den Kern der Texte. So kleiden sie in Worte, was es auf sich hat, mit dem dreieinigen Gott, mit Gottes Barmherzigkeit und seiner Gerechtigkeit. Sie erzählen vom barmherzigen Vater, der neue Anfänge zulässt und seinen Menschen etwas abgibt von sich selbst. Sie stellen uns den Sohn vor Augen, der Menschen nahekommt, Versehrte heilt, Traurige tröstet, schuldig Gewordene frei spricht. Sie wissen um den Heiligen Geist, den Geist der Kraft, der Liebe und der Besonnenheit.

Reiner Strunk hat die Gabe, vom Notwendigen und vom Schönen gleichermaßen zu reden, von dem, was wir brauchen und von dem, was wir uns von Herzen wünschen. Er kennt die Tage des Wartens ebenso wie die Augenblicke des Glücks.

So machen die in diesem Band versammelten Predigten staunen, sie ermutigen und nehmen hinein in den weiten Horizont des gnädigen Gottes. Jede Predigt ist ein Kleinod, ein Kunstwerk, das zu betrachten, dessen Botschaft sich auszusetzen, das zu meditieren lohnt.

Es bleibt der Dank an Reiner Strunk, der sich bewegen ließ, einem größeren Kreis von Lesenden, Hörenden und Suchenden Anteil zu geben an dem, was er erkannt hat über die Wege Gottes mit seinen Menschen.

Und es bleibt der Dank an den Verlag, der es gern übernommen hat, diese Predigten zu publizieren und sie so über den Kreis der sie zuerst Hörenden bekannt zu machen.

Nicht zuletzt bleibt der Wunsch, dass dieser Predigtband Menschen findet, die ihn kaufen, verschenken – und: ihn lesen!

Bad Urach, am Michaelistag 2017, dem 65. Geburtstag des Pastoralkollegs der Evangelischen Landeskirche in Württemberg
Ernst Michael Dörrfuß

EINLEITUNG: VON FÄHRTEN UND FÄHRTENLESERN

In meiner Jugend habe ich mich oft verkrochen irgendwo und Trappergeschichten verschlungen. Die Abenteuer verwegener Männer, die in der Wildnis unterwegs waren, um Tiere zu jagen und derer Felle in fernen Siedlungen zu vermarkten, faszinierten mich außerordentlich. Trapper waren exzellente Fährtenleser. Sie identifizierten an der Trittspur das Wild, das sie hinterlassen hatte. Sie vermochten das Alter von Spuren genau zu bestimmen. Und konnten ihnen nachsetzen, bis sie ihr Ziel erreicht hatten.

Der moderne Trapper ist der Detektiv. Er verfolgt die Spuren, die ein Gewalttäter hinterlassen hat, um ihn ausfindig zu machen und zu stellen. Der Detektiv avancierte zur Heldenfigur im Kriminalroman.

Ich denke an *Dorothy Sayers*. Sie war eine der berühmten britischen Ladies, die es verstanden, vortreffliche Detektivromane zu schreiben. Außerdem war sie eine Pfarrerstochter. Und der große evangelische Theologe *Karl Barth* hat ihr 1939 einen Brief geschickt, in dem er bekannte, ihre Romane „mit ganz besonderer Anteilnahme und Bewunderung gelesen" zu haben.

Diese Pfarrerstochter und Krimiautorin hat in den dreißiger Jahren des vergangenen Jahrhunderts einen theologischen Aufsatz mit ziemlich verblüffender Kernthese veröffentlicht. Es sei üblich geworden, schreibt sie, für die immer leerer werdenden Kirchen (schon damals!

und auch in England!) in erster Linie die Prediger mit ihren Predigten verantwortlich zu machen. Und dies mit dem Argument, dass die Predigten regelmäßig zu theologisch und zu dogmatisch ausfielen. Dorothy Sayers widerspricht dieser Behauptung jedoch mit allem Nachdruck. Sie vertritt die exakt gegenteilige Ansicht: die Predigten seien durch die Bank nicht etwa zu dogmen*lastig*, sondern umgekehrt zu dogmen*vergessen*. Sie trauten der Wahrheit und Kraft des religiösen Dogmas, betreffe dies nun den Schöpfergott oder die Gottessohnschaft Christi oder gar die göttliche Dreieinigkeit, im Grunde überhaupt nichts mehr zu. Und genau deswegen werde es so langweilig und nichtssagend in den Kirchen.

Eine erstaunliche Äußerung. Und am meisten darum erstaunlich, weil sie von einer versierten, ja leidenschaftlichen Autorin von Detektivgeschichten stammt. Wie sollte beides zueinander passen?

Zweifellos will *Dorothy Sayers* nicht auf einen verstärkten Gebrauch dogmatischer Formeln hinaus. Sprachformeln sind immer mit Vorsicht zu genießen, weil aus ihnen alles Leben ausgewandert und verdampft zu sein scheint. Auch bei religiösen Formeln bleibt erst einmal Erstarrtes und Plakatives übrig. Und daran stößt man sich, heute schneller und unwilliger als in früheren Tagen. Man kann ja aus einem Bekenntnissatz (wie etwa: „Christus ist Gottes Sohn") ein Dogma in der Art machen, dass es einem Marmorblock gleicht, den man in den Boden gerammt hat, weil daran nicht mehr gerüttelt und kein Millimeter verschoben werden soll. Dann ist die Sache restlos unbeweglich und unlebendig geworden. Man kann ebenfalls aus dem Bekenntnis ein Dogma und aus dem Dogma eine Verteidigungs- oder eine Angriffswaffe machen, die man in ständiger Bereitschaft daheim im Kleiderschrank versteckt oder mobil unterm Mantel verborgen bei sich trägt, um sie bei Bedarf hervorzuholen und anderen über den Schädel zu ziehen. Das Dogma als fertige Waffe auf den Kampfplätzen einer religiösen Rechthaberei, das ist beliebt, aber keineswegs sachgerecht und schon gar nicht empfehlenswert.

Dergleichen dürfte auch *Dorothy Sayers* nicht gewünscht haben. Wenn aber nicht dies, was dann?

Erinnern wir uns, dass sie eine Expertin für Detektivromane war. Und zwar für solche, in denen es nicht um schockierende Effekte und brutale Handlungen ging, sondern um etwas ganz Anderes: nämlich um die Energie und Leidenschaft des *Suchens*. Die Detektive in *Sayers* Romanen, Lord Peter Wimsey voran, sind keine tollkühnen Muskelmänner, sondern umsichtig und aufmerksam *Suchende*. Ihre Handlungen bestehen eigentlich aus lauter Suchbewegungen, die darauf hinauslaufen, eine verborgene Wahrheit ans Tageslicht zu bringen. Sie folgen deshalb immerzu auffälligen Zeichen, versteckten Hinweisen, verdächtigen Spuren. Sie sind klassische Fährtengänger und Spurenleser in modernen Lebensverhältnissen, und sie tun alles in der Gewissheit: Fährten kommen woher und führen wohin und was im Augenblick als Frage noch ungelöst erscheint, wird voraussichtlich seine Lösung finden.

Ich vermute, dass die Pfarrerstochter und Krimiautorin *Sayers* die Sache mit dem Dogma in gewissem Sinne ähnlich betrachtet hat. Natürlich nicht so, dass sich hinter dem Dogma auch eine Art Detektivstory verbergen würde. Aber doch so, dass es kein ernsthaftes Dogma geben kann, hinter dem nicht ein fein gesponnenes Wegenetz des Suchens und Fragens existierte. Es geht dann nicht darum, fertige *Antworten* bloß mehr oder weniger gedankenlos zu wiederholen, die sich in den einzelnen Dogmen verdichtet haben. Vielmehr sollte es darum gehen, den *Fragen* und den *Erfahrungen* näher zu kommen, die Menschen intensiv bewegt und beschäftigt haben, bis sie am Ende in dogmatischen Äußerungen zur Ruhe kamen. Es dürfte deshalb lohnen, gewissermaßen die Fährten zu suchen und mit Mut und Leidenschaft zu verfolgen, die zuletzt ihre Lösung in einem dogmatischen Satz finden konnten.

Mit anderen Worten: Wir sollten uns neugierig auf den Weg machen und nicht träge am Ziel hocken bleiben. Wir sollten die Fährten ausfindig machen und ihnen nachspüren, die Auskünfte versprechen über Grundzüge und auch über Einzelheiten des christlichen Glaubens. An solchen Fährten hat es keinen Mangel. Man muss sich bloß auf sie einlassen, ähnlich wie der Trapper sich auf eine Fährte in der Wildnis oder der Detektiv auf eine Spur in der unübersichtlichen Großstadt einlässt. Ihr zu folgen ist nicht nur vielversprechend; es kann auch spannend werden. Nicht zuletzt bei jenen besonderen Spuren, die der Glaube gelegt hat und auf die wir überall stoßen, sobald wir die Bibel aufschlagen.

Man kann dieses Buch auf verschiedene Weise lesen: in Abschnitten und mit zeitlichen Unterbrechungen, von vorn nach hinten und damit einem Konzept und Aufbauplan des Autors entsprechen. Man kann sich aber auch an Hinweisen orientieren, die den Stoff nach Gegenständen und Motiven gliedern, so dass man sich mit Fragestellungen befasst, die aus diesem oder jenem Grund im Augenblick interessieren:

– Die Überschriften locken auf bestimmte Fährten, ohne dass von vornherein auszumachen wäre, wohin sie führen.
– Die Angabe von Sonn- und Feiertagen erlaubt eine Auswahl nach Zeiten und Anlässen im Kirchenjahr.
– Der jeweils als Motto oder als Leitlinie vorangesetzte Bibelvers sowie die angezeigten biblischen Textabschnitte ermöglichen einen raschen Überblick über die Fundorte, die bei der Spurensuche maßgeblich gewesen sind.
– Die kursiv gedruckten Fragen und Anregungen vor den jeweils folgenden Textteilen liefern Motivationshilfen bei der Entscheidung, bei welchem Abschnitt man einsteigen möchte.

Im Übrigen gilt die alte Empfehlung: tolle, lege! Nimm (dir Zeit) und lies!

1 GOTT

Schuld, Zorn, Strafe.
Strafaktionen sind vereinbarte Maßnahmen in einer zivilen Gesellschaft.
Sind Strafaktionen selbstverständlicher Bestandteil göttlichen Handelns?
Kann Gott auf Strafen verzichten?

Volkstrauertag/ Buß- und Bettag

EINER, DER MIT SICH REDEN LÄSST

1.Mose 18, 20-33

„Willst du mit dem Gottlosen auch den Gerechten wegraffen?"
(1.Mose 18,23).

Ein Gespräch. Eine Begegnung, ein Gespräch, eine Verhandlung – und was für eine Verhandlung! Es geht um Leben und Tod.

Das Erstaunliche an dem Ganzen aber ist, dass es sich um ein Gespräch handelt, in dem auf der einen Seite ein Mensch steht und auf der anderen Gott. Und Gott, so merken wir, Gott lässt mit sich reden.

Als ob das selbstverständlich wäre oder auch nur naheliegend. Ein Gott, der mit sich reden lässt! Herrschaften, vergangene und gegenwärtige, haben es gewöhnlich an sich, dass sie eher nicht mit sich reden lassen. Sie bestimmen, Punkt. Sie treffen ihre Entscheidungen, und dann muss gelten und muss praktisch umgesetzt werden, was die Entscheidungen beinhalten. Mit sich reden lassen, das wird möglichst vermieden. Es könnte ja ein Zeichen von Schwäche sein. Es könnte dem Image schaden; jenem argwöhnisch gepflegten Image der Herrschaften, die sich keine Blöße geben wollen; die nicht einlenken wollen, weil sie befürchten, ein Stück ihres Ansehens und ihrer Durchsetzungsmacht zu verlieren dabei.

Gott ist der Herr, ja, aber er ist nicht wie solche Herrschaften. Er lässt mit sich reden. Und er kann, wenn da einer ernsthaft und geschickt und beharrlich zu ihm redet, auch nachgeben. Und wenn wir das genau ansehen, dann begreifen wir: Solches Nachgeben ist keine Schwächelei. Ist kein Verhalten ohne Prinzipien oder ohne Rückgrat. Nachgeben ist ein Teil des Wesens und des Handelns Gottes. Dann nämlich, wenn Nachgeben geschieht um des Lebens willen, für zu schützendes, zu schonendes, zu bewahrendes Leben. Gottes Nachgeben ist Teil seiner Gnade.

Wir leben in einer Welt, in der Nachgeben wenig zählt. Wer nachgibt, ist scheinbar der Dumme. Gelernt wird darum, dass man Rechte hat und wie man auf seinen Rechten besteht. Notfalls mit allen Mitteln. Und dann gehen Streitende auseinander und haben sich nichts mehr zu sagen. Und Feinde stehen sich gegenüber und schaufeln nur noch die Gräben tiefer zwischen sich, die doch schon tief genug sind. Und wo man nicht mit sich reden lässt, lauert dasjenige, was eben keine Worte, keine Rede, keine Verständigung braucht: die Gewalt. Gewalt ist darum grundsätzlich stur. Ohne Bereitschaft, mit sich reden zu lassen. Ohne Bereitschaft nachzugeben. Das ist im Nahen Osten so, das ist beim Terrorismus aller Spielarten so. Gewaltbereitschaft ist die verneinte, die durchgestrichene Bereitschaft, mit sich reden zu lassen. Und auf diese Weise hat sie ein zynisches Verhältnis zum Leben.

Seien wir also gewarnt! Seien wir gewarnt, *Gott* auf irgendeine Weise mit solcher *Gewalt* in Verbindung zu bringen. Auch das, was wir Gottes *Gericht* nennen. Ziemlich bedenklich dann auch Gottes Strafgericht nennen. Es hat mit solcher Gewalt nichts gemein.

Damit zurück zu unserer Geschichte. Da ist Abraham und da ist Gott. Und nicht allzu weit weg von ihnen, von den Berghöhen her in der Niederung zu sehen: die Stadt Sodom und die Stadt Gomorrha. Die Namen dieser Städte sind zum Inbegriff des verderbten, gottlosen

Lebens geworden. Und die Frage ist: Darf das denn sein? Kann Gott das zulassen? Eine Verrohung des Lebens, Gewalt und Vergewaltigung, Menschenhandel, Drogenhandel, Waffenschieberei, Korruption. Wir führen die Liste nicht zu Ende, weil sie kein Ende hat, auch lange über Sodom hinaus bis in unsere Gegenwart kein Ende hat.

„Das Geschrei über Sodom ist groß", sagt Gott, und es ist, als ob es ihm in den Ohren dröhnte, dass er's nicht aushalten kann. Das Geschrei über Sodom. *Wer* schreit da wohl? Die aus *anderen* Städten, aus besseren Städten, die auf Sodom herabschauen und auf seine Liederlichkeit? Nein, wohl nicht. Ich denke an die Geschichte, wo Gott dem Mose im Dornbusch erscheint und ihm offenbart, dass das *Schreien der Unterdrückten* zu ihm gedrungen sei, das Schreien des gefangenen Israel in Ägypten. Solches Schreien kann und will Gott nicht überhören. Es ergreift ihn, weil es sein Erbarmen ergreift.

Und so doch wohl auch hier, im Angesicht der Stadt Sodom. Das Geschrei, das Gott zu Ohren kommt und ihn zum Eingreifen bringt – es ist das Schreien derer, die zu leiden haben, in Sodom und unter Sodom.

Und Gott hört es und kommt nun nicht daher mit dem fertigen Urteil über die ganze Stadt und mit der Vernichtungsgewalt, die alles dem Erdboden gleich machen würde, sondern er kommt, um zu prüfen, zu wägen und (erstaunlich genug) wegen dieser ganzen Sache mit sich reden zu lassen.

Und der dazu ausersehen ist, mit ihm zu reden, ist Abraham. Alle Völker der Erde werden sich mit seinem Namen Segen wünschen, heißt es. Ja, und auch Sodom? Auch das Volk von Gomorrha?

Und dann fängt Abraham an zu reden und zu verhandeln mit Gott. Fast wie auf einem orientalischen Bazar. Sechsmal setzt er neu an. Und wenn Gott ein Stück nachgegeben hat, probiert Abraham es ein Stück weiter. Willst du die Stadt nicht verschonen, wenn sich fünfzig Anständige darin befinden?, fragt er. Und nicht, wenn es bloß fünfundvierzig sein sollten? oder nur vierzig?; oder nur dreißig?; am Ende: bloß zehn?

Ich weiß nicht, was erstaunlicher ist in diesem Verhandlungsgespräch: die Beharrlichkeit des Abraham in seinem Eintreten für die bedrohte Stadt; oder die Geduld Gottes, der bereit ist, mit sich reden zu lassen und nachzugeben, ein Stück und noch ein Stück und noch ein Stück.

Beachten wir, was Abraham *nicht* tut. Er tritt nicht ein für die Frevler, die Bösewichter. Er sagt nicht: Vergib denen doch, es ist alles halb so schlimm! Er verlangt nicht, dass Gott die Sünde von Sodom einfach auswischen solle wie mit einem großen Schwamm; einfach vergessen oder herunterspielen, was geschehen ist.

Abraham macht etwas anderes: Er drängt auf *Schonung*, und zwar die Schonung der ganzen Stadt und ihrer Bevölkerung. Und das ist hochaktuell! Bist du einer, sagt Abraham zu Gott; bist du einer, der über die Bösen, die Halunken, die Gottlosen kommt mit großer Gewalt – und der dabei selbstverständlich in Kauf nimmt, dass so und so viele Unbeteiligte, so und so viele Unschuldige mit umkommen in dieser Strafaktion? Als Kollateralschaden, wie man heute sagt? Ist das deine Gerechtigkeit?

Die Stimme Abrahams. Wo hörten und hören wir ähnliche Stimmen, wenn Städte, ganze Landstriche mit Bösen und Halunken darin mit Gewalt überfahren und bombardiert werden, um Recht zu schaffen? Wo überall in der Welt wird *nicht* geschont, weil man die Schuldigen – ja, die durchaus Schuldigen! – erwischen will, aber in Kauf nimmt dabei, dass man zugleich so und so viele Unschuldige miterwischt, deren Geschrei zum Himmel dröhnt, solange sie noch in der Lage sind dazu?

Und Gott antwortet: nein! Die Unschuldigen, die es mittrifft, wenn die Schuldigen zur Rechenschaft gezogen werden sollen – sie sind mir nicht egal! Sie sind mir so wenig egal, dass sie mehr wiegen, sehr viel mehr als die anderen. Stelle dir eine Waage vor und auf die eine Seite der Waage legst du die Schuldigen der Stadt und auf die andere Waagschale die Unschuldigen, dann genügen fünfzig im ganzen Gemeinwesen, nein, es genügen vierzig und sogar zwanzig und sogar zehn, und die Waagschale würde sich bei meinem Richten nicht senken zu den Schuldigen: Die Stadt bliebe verschont, ich, Gott, würde sie nicht vernichten.

Halten wir also fest: Gottes Gerechtigkeit, das ist seine Art und Weise, es recht zu machen. Und seine Art und Weise, es recht zu machen mit uns Menschen, ist immer eine Weise des Nachgebens und des Verschonens. Nachgeben nicht aus Schwäche, sondern aus Liebe zu dem Leben, das er geschaffen hat. Was wir aus diesem erstaunlichen Gespräch des Abraham mit Gott lernen können und behalten sollten, ist dies: Gott lässt mit sich reden; und er ist bereit nachzugeben, weil er gnädig ist. *Gnade* ist kein Zeichen von Schwäche, bei Gott nicht und bei den Menschen auch nicht, und wo man uns weismachen will, es sei doch so, da sollten wir entschieden widersprechen. Gnade ist kein Zeichen von Schwäche, sondern ein Ausdruck von Kraft, nämlich der Kraft, Leben zu erhalten, das drauf und dran ist, sich selber umzubringen.

Und zuletzt, was im 18. Kapitel des ersten Mose-Buches nicht mehr erzählt wird, aber dann im 19. Kapitel: Sodom und Gomorrha gehen unter. Es gibt das Gericht. Es gibt Vernichtung des Lebens. War deshalb alles vorher umsonst? Das Verhandeln, das Fragen, das Bitten des Abraham? Das Mit-sich-reden-Lassen und das Nachgeben Gottes? Alles umsonst? Alles nur freundliches Vorspiel zu einem grausigen Ende?

Es könnte so erscheinen. Aber es ist tatsächlich doch anders! In Sodom fanden sich nicht einmal zehn, die ohne Schuld gewesen wären. Es gibt ein Maß an Schuld, das keine Verschonung erlaubt, besser: keine Verschonung mehr ermöglicht, und zwar um des Lebens willen. Es gibt Selbstzerstörung, bei einzelnen Menschen und schrecklicherweise auch in menschlichen Gemeinschaften, die alles Leben kaputt zu machen droht. Gott will Leben schonen und Leben erhalten, das er geschenkt hat. Aber er kann nicht – gerade darum nicht – nachgeben, wo Leben *nur* noch verachtet und ausgerottet wird. An diesem Punkt lässt er *nicht* mit sich reden, Gott sei Dank! Denn eine rücksichtslose und vollkommene Zerstörung des Lebens gerade nicht zu dulden; auch das ist ein Ausdruck seines Erbarmens. Auch das gehört in den großen Zusammenhang seiner Gnade.

Menschen verhöhnen, was Anbetung heißt.
Ein Mensch zerschlägt den in Stein gemeißelten Gotteswillen.
Wie erträgt Gott, was man ihm antut? Wie bleibt er sich treu?
Wie schafft er Auswege für Menschen, die sich in Sackgassen verrannten?

Sonntage nach Trinitatis

STUFEN DER BARMHERZIGKEIT

2.Mose 34, 1-7

„Der Herr, der Herr – ein barmherziger und gnädiger Gott,
langmütig und reich an Huld und Treue"
(2.Mose 34, 6).

Es geht um Gott und seine Barmherzigkeit. Und es geht darum, was das ist und wie sich das zeigt, dieses Barmherzigsein Gottes. Bekanntlich ist die Bibel vor allem ein Erzählbuch. Wenn sie etwas erklären will, fängt sie am liebsten an zu erzählen. So auch hier. Es wird nicht definiert, wie man Gott in seiner Barmherzigkeit zu denken habe, es wird eine Geschichte erzählt. Eine von Mose und dem Volk Israel. Deren Ankommen am Sinai, dem Gottesberg. Und bevor unser Erzählstück anfängt, ist schon allerhand passiert: Großes *und* Blamables. Das liegt ja manchmal erstaunlich nah beieinander: das Große und das Blamable. Mose hat die Tafeln des Gesetzes empfangen auf dem Berg, hoch droben, nahe bei Gott, so will die Geschichte andeuten. Die große Urkunde des Bundes zwischen Gott und dem

Volk. Sternstunde der Menschheit sozusagen. Bedeutsam und erhaben war der Augenblick für Mose, nicht bloß der Höhe des Berggipfels wegen. Und Mose steigt wieder hinab in die Niederungen, mit den Gebotstafeln in den Armen, und er kommt an in noch ganz anderen Niederungen, als er erwartet hatte. Das Volk nämlich hat kurzerhand den Alltag zum Festtag gemacht, es feiert – und dagegen ist an sich ja nichts einzuwenden. Aber es feiert zur falschen Zeit und mit den falschen Mitteln. Es tanzt ums Goldene Kalb. Und Mose, zornig und enttäuscht zugleich, nimmt die heiligen Tafeln und zerschmettert sie am Boden. Das Große, Erhabene, das er mitgebracht hat von der Höhe des Sinai, passt anscheinend nicht in die Niederungen des Geistes, die er da antrifft am Fuße des Berges, und Mose zerstört, was keinen Raum findet, um angemessen gewürdigt zu werden.

Und damit wird ein dramatischer Schlusspunkt gesetzt. Was soll jetzt noch kommen? Das Volk äußerlich und innerlich auf Abwegen, Gott selber verhöhnt, die Tafeln des Gesetzes in Stücken und Mose am Ende. Auf solche Sackgassen laufen Geschichten manchmal zu. Da findet nichts zueinander, jeder ist eine Insel, es gibt keine Brücken und kein Verständnis, schließlich geht gar nichts mehr.

Und doch, wir wissen und hören es, geht die Geschichte doch weiter, und es ist kein Zufall, wie und weshalb sie weitergeht, nämlich durch einen Anstoß von Gott her.

Sie haben vielleicht noch im Ohr, dass das Wort „barmherzig" ausdrücklich genannt wurde, und zwar in der Gottesrede selber.

Aber es wird vorher in der Geschichte bereits erzählt davon: Barmherzig ist, wer einen neuen Anfang zulässt. Das Volk hatte sich tief hineingeritten ins Unglück, Mose hatte sich tief hineingeritten, als er die Tafeln der Weisungen Gottes im Zorn zerbrach. Ein großer Knall – und dann das große Schweigen. –

Erzählt wird, dass Gott es war, der das Schweigen aus Verlegenheiten, die Lähmung aus Hoffnungslosigkeit durchbricht. Gott redet den Mose an. Ich stelle mir vor, dass der sich wütend und hilflos zurückgezogen hatte. Mit wem sollte er auch reden – und was? Er wird sich verkrochen haben ins Schweigen und gehofft haben, dass keiner ihm in die Quere käme. Das gibt es ja merkwürdigerweise, dass man nicht gestört sein möchte in seiner Enttäuschung: das letzte Haus sozusagen, das man noch beziehen kann, die Tür verriegeln hinter sich, die Fensterläden herablassen, aus, Schluss!

„Und der Herr sprach zu Mose."

Gott, der es nicht bewenden lässt bei dem Ergebnis, dass alles gründlich danebengegangen ist. Er klopft an bei Mose, der sich im Haus seiner Verbitterung eingeschlossen hat. Und Gott bringt sich zu Gehör bei diesem Mose, der nichts und niemanden mehr hören will.

Das ist die *erste Stufe* seiner Barmherzigkeit. Ein Anklopfen. Ein Fingerzeig: He, du, hörst du mich? Wer enttäuscht oder verzweifelt ist, existiert in einer abgeschlossenen Welt. Alles ist zu. Nur Wände und Mauern überall, um einen her und in einem drin. Und man sitzt gefangen wie in einem Block, kann nicht raus, will nicht raus, im Grunde gibt es da überhaupt kein Außen mehr.

Und Gott meldet sich – von außen und von innen. Ein Lebenszeichen. Es gibt ganz einfache Lebenszeichen, die die Kraft des Barmherzigen in sich tragen. In Straflagern und KZs wurde so etwas erlebt, von Menschen in Einzelhaft, wenn es Klopfzeichen gab von anderen.

„Und der Herr sprach zu Mose."

Und, auffällig, er sagt gar nichts Vorwurfsvolles. Also nicht in der Art: Mein lieber Mose, dafür habe ich dir die Tafeln meiner Weisungen nicht gegeben, dass du sie kurz und klein schlägst, kaum dass du sie in die Hand bekommen hast. Was soll das? Wenn dein Blut leicht in Wallung gerät und dein Geist zum Jähzorn neigt, dann hättest du gefälligst etwas anderes zerschmeißen können als ausgerechnet die Gebotstafeln. Hat dich das Goldene Kalb so in Rage gebracht, warum hat es dir nicht genügt, dieses Götzenbild in Stücke zu hauen?

„Und der Herr sprach zu Mose...", aber er sprach nicht so. Nicht zurechtweisend, allerdings auch nicht bemitleidend, interessanterweise übrigens, denn Bemitleiden, das muss noch lange keine Form echter Barmherzigkeit sein. Sondern Gott redet so, dass er dem Mose einfach eine neue Aufgabe erteilt. Er soll zwei neue Tafeln aus Stein fertigen, soll damit *noch einmal* auf den Gipfel des Berges steigen, und dann würde er, Gott, aufs Neue die Worte der Weisung darauf schreiben.

Das ist die *zweite Stufe* oder der zweite Schritt der Barmherzigkeit in dieser Geschichte. Sie ist nämlich nicht betulich, sondern herausfordernd und herausholend. Betulichkeit ist sanft, aber nicht unbedingt barmherzig. Sie lässt den Armen wissen und spüren, dass er wirklich ein Armer ist. Sie klopft ihm auf die Schulter und streichelt ihm übers Haar. Und sie findet auch alles schlimm und schrecklich, was da an Schlimmem und Schrecklichen passiert ist. Kurzum, Betulichkeit bestätigt, aber sie verändert nicht.

Barmherzigkeit, wie diese Geschichte sie von Gott erzählt, ist anders. Sie bringt und sie hilft auf die Beine, auch einen wie Mose, der sich am liebsten nur verkriechen würde. Sie lässt eine scheinbare Sackgasse nicht Sackgasse bleiben. Sie öffnet eine Tür und fordert auf, hindurchzugehen.

Barmherzigkeit, das ist der kräftige Impuls zu einem Neuanfang. Und es stimmt schon, dass ein Neuanfang, welcher Art auch immer, Kraft braucht. Kraft und Mut und auch so etwas wie Zähigkeit. Mose soll noch einmal hergehen, noch mal Tafeln aus Stein zuhauen. Der Einwand, das habe er doch schon einmal getan, mit diesem ganz jämmerlichen Ergebnis, wird gar nicht erst zugelassen. Ein Neuanfang, wo auch immer, hat jedes Mal von beidem etwas: etwas von Chance *und* etwas von Zumutung. Die Zumutung für Mose, sich noch einmal an die Steine zu machen, meißeln, glätten – eine Schinderei! Dann den Berg hinauf, bis auf die Spitze, bepackt mit den Steinen – kein Zuckerschlecken, wahrhaftig.

Aber so ist das mit dem Neuanfang. Jeder Neuanfang aus Sackgassen oder aus Niederungen des Lebens heraus ist ein Zeichen der Barmherzigkeit Gottes – und eine Aufgabe, manchmal so schwer wie eine Zumutung. Warum wird es vielen so schwer, manchen geradezu unmöglich mit einem Neuanfang in ihrem Leben? Doch wohl, weil da nur die schwere Aufgabe, nur die Zumutung gesehen wird und nicht die Chance, nicht die öffnende, neu machende Barmherzigkeit, die von Gott kommt.

Und dann richtet Mose tatsächlich die Steintafeln her und steigt tatsächlich auf den Berg, und das ist die *dritte Stufe* der Barmherzigkeit Gottes: Er stellt nicht nur eine neue Aufgabe, die aus der Sackgasse herausführt, er gibt auch die Kraft dazu. Die Kraft und die Bereitschaft. Mose war der, der sozusagen alles hingeschmissen hatte, auch alles, was ihm wert und wichtig war. Jetzt ist er auf dem Weg, das Ganze wiederzuholen und zu erneuern. Noch einmal derselbe Weg, dieselbe Mühe, aber mit erneuertem Sinn, mit anderem Herzen. Etwas wiederholen müssen, noch mal von vorn anfangen, das kommt uns meistens als Strafe vor. Aber es muss nicht Strafe sein. Es kann Barmherzigkeit sein. Wiederholung kann ja den Sinn haben, dass etwas Verlorenes oder Versiebtes wiedergeholt, zurückgeholt wird und damit neu eingesetzt.

Und als Mose auf dem Berg ist, zum zweiten Mal, da geht der Herr „vor seinem Angesicht vorüber" und sagt diese wunderbaren Worte von der Barmherzigkeit. Und was da, gewissermaßen am Rande, auch noch von Strafe gesagt wird, ist nicht mehr als das bisschen Schatten, das an den Rändern nicht ausbleiben kann, wo so viel Licht der Barmherzigkeit aufleuchtet: „Der Herr, ein barmherziger und gnädiger Gott, langmütig und reich an Huld und Treue, der Gnade bewahrt bis ins tausendste Geschlecht, der Schuld und Missetat und Sünde verzeiht."

Auffälliger und bedeutsamer erscheint aber noch das erzählte Vorübergehen Gottes vor dem Angesicht des Mose. Denn damit ist die letzte und *höchste Stufe* der Barmherzigkeit Gottes gemeint: dass ein Mensch gewürdigt wird, Gottes Nähe zu erfahren.

Nun kann man sich darunter allerlei vorstellen – oder auch nichts: die Nähe Gottes erfahren. Die Geschichte, mit der wir uns beschäftigen, endet damit, dass Mose vom Berg wieder herabstieg und (so heißt es da) sein Antlitz war strahlend geworden. Gemeint ist das im Sinne von Schein und Widerschein, von Glanz und Abglanz. Der Mond leuchtet nicht von sich aus, aber er kann leuchten im Widerschein der Sonne. Das Antlitz des Mose strahlt nicht von sich aus, aber es kann strahlen, weil der Glanz und das Licht Gottes darauf gefallen sind.

Das ist die höchste Stufe von Gottes Barmherzigkeit; dass er an Menschen etwas abgibt von sich selber. Etwas von seiner schöpferischen Kraft, etwas von seiner Ewigkeit, etwas von seinem Glanz, seiner Liebe. Wenn wir bereit sind, auch bereit, nach Stillstand oder nach Widerstand oder nach Versagen wieder neu anzufangen, dann will Gott uns entgegenkommen, wie er Mose entgegenkam: barmherzig und gnädig, und vielleicht können wir dann sogar etwas widerspiegeln vom Licht und von der Freundlichkeit, die von Gott ausgingen und uns trafen.

Die Liebe ist ein Risiko. Und häufig ein Abenteuer.
Es kann geschehen, dass du missachtet und betrogen wirst.
Es kann geschehen, dass du missachtest und betrügst.
Wo blühende Felder waren, kann sich Unkraut ausbreiten und heißer
Wind den Boden versteppen. Wohin gehst du dann?

Erntedank

ENTTÄUSCHTE LIEBE
Jesaja 5,1-7

„Singen will ich das Lied meines Freundes von einem Weinberg"
(Jesaja 5,1).

Nicht alles, was gut anfängt, hört auch gut auf. „Ende gut, alles gut", heißt es zwar, aber gilt auch das Umgekehrte: „Ende schlecht, alles schlecht"?

Der Prophet Jesaja singt ein Lied. Von der Melodie wissen wir nichts, und ob er ein Instrument dazu benutzt hat und eine passable Gesangsstimme hatte, wissen wir auch nicht. Aber was er den Leuten in Jerusalem vorträgt, ist eindeutig ein Lied, mit Versen, mit Rhythmik, mit Strophen und mit einem schönen poetischen Bild. Dem Bild vom Weinberg und von dem, der ihn bestellt, dem Weingärtner.

Ich vermute, die Leute in Jerusalem haben sich's gefallen lassen, damals vor nahezu dreitausend Jahren. Einem Sänger hört man in der

Regel gern zu. Etwa bei einem Straßenfest, womöglich zur Zeit der Ernte, es gab ja mehrere Erntefeste im alten Israel. Und es trifft die Stimmung, wenn da einer beim Erntefest plötzlich aufsteht und ein Lied vom Weinberg singt. Und man lässt sich mitnehmen und führen von dem Gesang und merkt gar nicht, merkt erst einmal gar nicht, wo man da hingeführt wird und worauf das Ganze hinausläuft.

Lieder muss man ja eigentlich vorsingen. Aber wenn die Melodie unbekannt ist, kann man wenigstens die Verse sagen, die Strophen von einem Lied. Im überlieferten Bibeltext erkennt man aber die Verse kaum noch und die Strophen. Also probier' ich's mal mit einer kleinen Nachdichtung, um anzudeuten, wie das vielleicht geklungen haben könnte:

> *Wie lieb ist mir stets auf der Bergeshöh*
> *der Garten, den ich mit Lust beseh.*
> *Er soll mir blühen und fruchtbar sein*
> *und tüchtig hervorbringen edelsten Wein.*
> *Ich führe das Messer, beschneide die Reben,*
> *bau einen Zaun, eine Mauer daneben*
> *und grabe und rode und schleppe in Fässern*
> *das Wasser vom Quell, die Wurzeln zu wässern,*
> *und stell' eine Hütte, das Dach und die Wände,*
> *exakt in die Mitte vom ganzen Gelände. –*
> *Da wollen wir singen und fröhlich sein*
> *und von Herzen genießen den süßesten Wein!*

So viel. Und erkennbar handelt es sich bloß um die erste Strophe. Um den guten Anfang. Es dürfte nicht schwer fallen, zumal für bodenständige Schwaben, sich in diesen Weingärtner hineinzuversetzen, in seine Lebensart, seine Stimmung, seine pausenlose Schaffigkeit. Der Weinberg wird geputzt wie das eigene Wohnzimmer. Es fällt mir immer auf, wenn ich am Neckar entlang wandere bei Esslingen und Uhlbach oder weiter unten bei Brackenheim oder Lauffen, wie ordentlich gepflegt und liebevoll gestaltet auch kleine Weingüter sind. Die Stöcke und Reben tipptopp, oft Blumen dazwischen gesetzt und dann das unvermeidliche Hüttchen mit dem Bänkle davor zum Hinsitzen und Ausruhen und zum Betrachten der Herrlichkeit, die da um einen herum wächst und gedeiht.

Für einen guten alten Schwaben, denke ich, ist sein Wengert nicht bloß eine wirtschaftliche Angelegenheit, sondern eine Liebhaberei. Eine echte und große Liebhaberei. Natürlich soll die Ernte auch was bringen, aber zunächst geht es doch um etwas anderes: sozusagen um ein persönliches Verhältnis zum eigenen Gütle. Es ist einem irgendwie ans Herz gewachsen, man sorgt sich darum, man müht sich ab dafür, man lässt sich's eine Menge an Zeit und Kraft kosten. Der Weinberg-Liebhaber – ob in Jerusalem damals oder am Neckar heute – der Weinberg-Liebhaber ist ein echter Liebhaber. Er *hat* nicht bloß einen Weinberg, er *liebt* auch seinen Weinberg, der zu seiner Herzenssache geworden ist.

Soweit – so gut! Bis dahin können wir folgen, und die Leute damals in Jerusalem konnten es bestimmt auch, als sie das Lied des Propheten anhörten. Die meisten werden gedacht haben: ein schönes Lied, ja. Ein richtiges Liebeslied! Lied von einem, der seine ganze Liebe an einen Weinberg wendet.

Keiner dürfte am Anfang geahnt haben, wie's weitergeht. Kaum einer dürfte sich gefragt haben, wer denn wohl gemeint sein könnte mit dem Weingärtner und wer mit seinem Weinberg, um den er sich so liebevoll kümmert. Dass da ein Prophet sang, gut, das war nicht gerade an der Tagesordnung, aber es mochte vorkommen, warum nicht? Propheten sprachen eigentlich von Gott, so war man's gewohnt, redeten oft Überraschendes von dem großen und geheimnisvollen Gott, zogen da und dort den Vorhang ein bisschen beiseite, der dieses Geheimnis mit dem Namen „Gott" verhüllte, und man gewann einen kleinen, manchmal verwunderlichen Einblick in das Wesen Gottes, einen Einblick, der erheben, die Seele und das Gemüt erheben konnte, aber dann auch wieder irritieren, wenn das Bild, das man sich bisher von Gott gemacht hatte, zerbrechen konnte wie ein Spiegel, der zu Boden fällt. Und vom Propheten wurde statt dessen ein neues, ein ziemlich anderes Bild von Gott vor Augen gestellt, mit dem man nicht gleich zurechtkam auf der ganzen Linie.

Ja, Propheten sprachen in der Regel von Gott und offenbarten etwas von Gott, und der hier, der Jesaja, der sang nun ein Liebeslied wie ein Straßenmusikant beim Erntefest, und man konnte zuhören und sich wohlfühlen dabei. Und weiter nichts merken. Rein gar nichts. Nicht bemerken, dass der Prophet da ein Liebeslied sang und in diesem Lied von nichts anderem sang als von Gott und von Gottes Volk, vom Herrn im Himmel und von Menschen auf der Erde. So wie ein Weingärtner, wie ein großer Liebhaber seines Weinbergs, der sich einsetzt und plagt und dem dafür kein Aufwand zu groß und keine Mühe zu schwer ist, der sich also buchstäblich abarbeitet für das Wohlergehen seines Gartens – genauso ist Gott, meint der Prophet, und die es anhörten, werden zunächst einmal nicht viel begriffen haben davon.

Und als der Prophet fortfährt und jetzt seine Zuhörer direkt anredet und sie auffordert zu urteilen: Was meint denn ihr, hat es der Weingärtner etwa fehlen lassen an irgendetwas? Hat er was falsch gemacht oder versäumt? – Da werden die Leute laut erklärt haben: Natürlich nicht, alles bestens, mehr kann einer nicht tun für seinen Weinberg, und sie werden entrüstet gewesen sein, dass da überhaupt ein Zweifel und eine Frage aufkommen könnte bei so einem liebevollen Verhältnis wie dem, von dem gesungen wurde. Und sie ahnen immer noch nicht, worauf die Sache hinausläuft und wohin sie selber mitgeführt werden in dieser Sache.

Und dann kippt die Geschichte auf einmal, und es wird unverkennbar: Was da so gut angefangen hat, geht nicht ebenso gut weiter. Denn der Weinberg trägt nicht, was er tragen sollte. Er bringt bloß saure Trauben hervor, ungenießbare Frucht. Er bekommt alles und gibt nichts wieder. Ein undankbarer und eigenwilliger Geselle. Die ganze aufwändige Liebe des Weingärtners beantwortet der Garten mit kalter Gleichgültigkeit. Die Sonne der Liebe hat ihn beschienen, Tag für Tag, aber der Boden ist kalt und frostig geblieben. Da gedeiht nichts, was der vorher investierten Liebe entspräche.

Die es im Lied des Propheten so gehört haben in Jerusalem, werden immer noch nicht recht verstanden haben. Ja, das schon; dass der Weingärtner nun alle Lust verliert, das verstehen sie durchaus. Und auch, was er jetzt anstellen will in seiner unsäglichen Enttäuschung; dass er dem Weinberg, dem doch so innig geliebten, nun wütend entgegentritt, ihn einreißen, verwüsten, ganz den Disteln und Dornen überlassen will, das können sie nachvollziehen. Enttäuschte Liebe, wozu die fähig ist, das kennen sie, und es ist immer eine Tragik, wenn ehrliche Liebe so vollkommen unerwidert bleibt, wenn sie eine so maßlose Enttäuschung hinnehmen muss. Liebe will Gegenliebe, das ist ein einfaches und uraltes Gesetz, und wo statt der erhofften Gegenliebe nur ein Achselzucken, nur die kalte Schulter gezeigt wird, da ist der Liebhaber böse dran. Und weil er böse dran ist, kann er sich auch böse geben: Was zuerst geliebt war, wird zum Gegenstand und zur Adresse seines Zorns.

Den Weingärtner, irgendeinen Weingärtner, werden sie also verstanden haben, die Leute in Jerusalem. Zuerst verstanden mit der Fülle seiner Liebe, dann mit den Kübeln seines Zorns. Und zum ersten Mal, an einer ganz bestimmten kleinen Stelle des vorgetragenen Liedes dürften immerhin einige gestutzt haben. Sollte vielleicht...?

Es ist die Stelle, wo im Lied der enttäuschte Liebhaber seine Strafmaßnahmen ankündigt. Denn da heißt es am Ende: „...und den Wolken will ich verbieten, auf ihn (den Weinberg) zu regnen." Ja, was? Den Wolken verbieten? Wer wäre denn in der Lage, den Wolken am Himmel zu gebieten und zu verbieten? Irgendein Weingärtner? Irgendein Mensch? Also wäre der Liebhaber am Ende kein beliebiger Weingärtner, sondern ein ganz anderer in der Verkleidung eines Weingärtners? Der Eine, der gebietet über Himmel und Erde und auch über den Lauf der Wolken und das Eintreffen oder das Ausbleiben des Regens?

Die Ungewissheit bleibt nicht lange, weil der prophetische Sänger zum Schluss den ganzen Vorhang hochzieht und jetzt in Worten sagt, was vorhin im Bilde gemeint war: So wie der Weingärtner seinen Garten, so hat Gott sein Volk, seine Menschen geliebt. Und so wie der

Weingärtner zutiefst enttäuscht war von der ausgebliebenen Gegenliebe seines Gartens, so zeigt sich Gott enttäuscht, dass er bei den Menschen kaum ein Echo findet. Er ruft hinein in die Menschenwelt, und es wird verschluckt und geht verloren, was er gerufen hat. „Das Licht scheint in der Finsternis, aber die Finsternis hat's nicht begriffen."

Es gibt Gründe, an Gott zu glauben.
Und es gibt Gründe, an Gott zu verzweifeln.
Verachtet nicht Menschen, deren Leben sie zwang, an Gott zu verzweifeln. Eines sind die Atheisten aus Gleichgültigkeit. Ein anderes die Atheisten mit blutendem Herzen. Vermutlich liebt Gott die Atheisten mit blutendem Herzen, lauscht ihrer Klage und versteht.

Passionszeit

KANN GOTT DAS ZULASSEN?

„Bis hierher und nicht weiter! Hier sollen sich legen deine stolzen Wogen"
(Hiob 38, 11).

Immer wieder ereignen sie sich: die Katastrophen, die GAUs und Super-GAUs, Erdbeben und unvorstellbare Flutwellen, Erdrutsche, Überschwemmungen, mörderische Dürreperioden. Zum Symbol solcher Katastrophen ist Fukushima geworden, der atomar verseuchte Ort an der japanischen Küste, der kein gesundes Leben mehr in seiner näheren Umgebung zulässt. Allerdings, Japan liegt, von uns her betrachtet, fernab. Besteht Anlass zur Sorge bei einem weit entfernten Katastrophengebiet? Aber selbst dann, wenn hierzulande wirklich kein unmittelbarer Grund zur Sorge bestünde, gäbe es immer noch hinreichende Gründe zum Nachdenken. Und zur menschlichen Anteilnahme.

Werfen wir einen Blick zurück in die Geschichte, der uns für ein paar Zusammenhänge die Augen öffnen könnte: mehr als 250 Jahre zurück, das Erdbeben von Lissabon 1755. Man beachte: nicht Sendai oder Fukushima im fernen Japan, sondern Lissabon, also Europa, beinahe vor der Haustür. Das Erdbeben von Lissabon hat damals die europäische Welt erschüttert in einer Weise, die wir uns heute kaum noch vorstellen können. Manche urteilen: Mit dieser Naturkatastrophe hat die Neuzeit erst wirklich angefangen. Der Glaube nämlich, dass man in einer gesicherten und beständigen Welt lebe, einer von Gott und durch Gottes gute Ordnung bewahrten Welt ging mit einem Mal in die Brüche. Die einfachen Gemüter wussten nicht mehr, ob sie sich auf den Gott weiter verlassen sollten, der angeblich alles so herrlich regiere. Und die Philosophen fingen an, die sogenannte Theodizeefrage hin und her zu wälzen, die Frage nämlich, wie denn Gott ein so grässliches Unglück zulassen könne, wenn er allmächtig und gerecht sei. Wo blieb seine Allmacht bei der Zerstörungswucht des Erdbebens? Und wo seine Gerechtigkeit, wenn von solcher Zerstörungsmacht eine bestimmte Weltregion heimgesucht wurde, andere dagegen nicht?

Ich habe noch mal bei Goethe nachgelesen, was er über die Katastrophe von Lissabon notiert hat. In seinen Memoiren, die er als alter Mann schrieb, kommt er auf das Erdbeben von 1755 zu sprechen. Damals war er ganze sechs Jahre alt. Sechs Jahre! Aber das Beben, das damals auch als geistiges und seelisches Beben durch ganz Europa lief, mit einer Fülle von Nachbeben sozusagen, das hat selbst den jungen, noch kindlichen Goethe berührt. Er schreibt:

„Am ersten November 1755 ereignete sich das Erdbeben von Lissabon und verbreitete über die in Frieden und Ruhe schon eingewohnte Welt einen ungeheuren Schrecken. Eine große prächtige Residenz, zugleich Handels- und Hafenstadt, wird ungewarnt von dem furchtbarsten Unglück betroffen. Die Erde bebt und schwankt, das Meer braust auf, die Schiffe schlagen zusammen, die Häuser stürzen ein,

Kirchen und Türme darüber her, der königliche Palast zum Teil wird vom Meere verschlungen, die geborstene Erde scheint Flammen zu speien: denn überall meldet sich Rauch und Brand in den Ruinen. Sechzigtausend Menschen, einen Augenblick zuvor noch ruhig und behaglich, gehen miteinander zugrunde, und der Glücklichste darunter ist der zu nennen, dem keine Empfindung, keine Besinnung über das Unglück mehr gestattet ist."

Und das alles lange vor dem Aufkommen von Atomkraft, vor den massenmörderischen Techniken der Weltkriege.

Ich breche Goethes bewegende Schilderung ab, um nur noch einen Satz anzufügen, in dem er etwas von seiner eigenen Betroffenheit im Kindesalter mitteilt. Er schreibt da: „Gott, der Schöpfer und Erhalter Himmels und der Erden, den ihm die Erklärung des ersten Glaubensartikels so weise und gnädig vorstellte, hatte sich, indem er die Gerechten mit den Ungerechten gleichem Verderben preisgab, keineswegs väterlich bewiesen."

Allerdings gab es damals behände Erklärer für die ganze Zerstörung. Die redeten dann von Gericht und Strafe, von Gottes Zorngericht, mit dem er die Sünden von Menschen straft. Aber das ist keine Erklärung. Es ist ein kaum verkappter Zynismus der Davongekommenen. Er will anscheinend Gott rechtfertigen und macht doch einen ziemlich maßlosen Tyrannen aus ihm. Einen Gott, dem es gefällt oder der zumindest nichts dabei findet, tausend- und abertausendfaches Leben mit einem Schlag zu vernichten. Und außerdem: Wenn schon Strafgericht, warum dann Lissabon und nicht Hamburg? Warum Sendai und nicht Stuttgart? Willkür – das ist eine Sache der Tyrannen und der Terroristen, sie kann nicht ebenso Gottes Sache sein. Oder sollte man es aufgeben, überhaupt an einen Gott, einen Schöpfer zu glauben? Wäre der trotzige Unglaube am Ende die konsequentere Haltung? Und der erklärte Atheismus die bessere Lösung?

Ich stelle diese Frage nicht im rein rhetorischen Sinne. Als Frage, die dann – streng genommen – doch nicht in Frage kommt. Wahrscheinlich gibt es kaum einen, den diese Frage nicht schon beunruhigt hätte. Und vielleicht kann man sogar nicht einmal richtig Christ sein, ohne sich dieser Frage wirklich ausgesetzt zu haben. Dieser Frage, ob wohl ein Gott sei – angesichts aller natürlichen und auch aller von Menschen mitverursachten Katastrophen, die über die Erde hingegangen sind und weiter hingehen.

Woran können wir uns halten?
Ich versuche zwei Antworten. Für die eine ziehe ich einen Bibeltext aus dem Hiob-Buch heran. Das ist am Ende dieser großen hebräischen Dichtung. Am Ende eines langen Streits, den Hiob mit seinem Gott geführt hat. Der Streit ging um die Erfahrung und um die Last des Leidens. Warum lässt Gott das zu? Warum Leiden überhaupt? Warum unschuldiges Leiden, für einzelne Personen, auch für ganze Völker?

Hiob redet und redet und ereifert sich – und Gott schweigt. Hört zu, lässt den Hiob klagen – und schweigt. Bis zum Schluss. Dann erst ergreift Gott selber das Wort und nimmt Stellung zu Hiobs Beschwerden über das Leiden, die Lebensbedrohung, den Untergangsschrecken.

Und Gott sagt dem Hiob unter anderem dieses:
„Wer hat das Meer mit Toren verschlossen,
da es hervorbrach, aus dem Mutterschoß kam?
... als ich ihm eine Schranke zog,
ihm Tor und Riegel setzte und sprach:
Bis hierher und nicht weiter!
Hier sollen sich legen deine stolzen Wogen!"
(Hiob 38,8f.)

Was kommt da zum Ausdruck?
Nun, einmal eine grundmenschliche, wir können heute auch sagen: eine urmenschliche Erfahrung, dass alles Leben auf der Erde unsicher und bedroht ist. Gefahren lauern überall, Unglücke sind oft nicht zu verhindern und meistens nicht einmal vorherzusehen, das

Chaos kann jeden Tag, jede Stunde über uns hereinbrechen. Davon wussten die Menschen in der alten Welt, in Israel, in Babylon und anderswo. Die Erzählung von der großen Flut, die alles überschwemmt, der Sintflut, sagen wir, war sehr bekannt und sehr lebendig. Die Fundamente, auf denen man stand, erschienen brüchig. Untergang, so oder so sich ereignend, war etwas, was Menschen vor sich sahen und was sie in Atem halten konnte.

Wir sind im Lauf der Geschichte aus diesem Bewusstsein weitgehend ausgewandert. Wir haben die Kunst gelernt, uns ziemlich sicher zu fühlen und für unsere Sicherheit große Anstrengungen zu unternehmen. Wir haben Dämme gebaut gegen die Flut, wie bauen sie weiter, auch gegen drohende Menschenfluten von jenseits unserer Grenzen. Wir haben uns eingerichtet. Und bei allem fleißigen Einrichten haben wir eine besondere Kunst entwickelt: die Kunst zu verdrängen. Was unser Leben fundamental und bleibend verunsichert, das verdrängen wir lieber. Die Natur scheinen wir im Griff zu haben – samt aller Urgewalten, die zu ihr gehören. Und setzen in dieser Selbstsicherheit noch eins oben drauf, indem wir uns Technologien leisten, die scheinbar kalkulierbare und regierbare Gefahren mit sich bringen. Gezähmte Drachen sozusagen. Aber Drachen lassen sich nicht endgültig zähmen, wir erleben es wie zuletzt beim Katastrophenreaktor in Japan. Und was wird – weltweit – gefolgert daraus? Hier und da ein paar Schritte zu einer Wende in der Energieproduktion. Aber weltweit, in Amerika, in China? Was für eine Umkehr findet statt in den Köpfen der Menschen? Überhaupt eine?

Die Gottesrede am Ende des Hiob-Buches verkündet ja nicht: Alles in Ordnung! Nur keine Bange! Kein Grund zur Panik! – Sie sagt vielmehr: Das Bedrohliche ist da, wirklich da, so urtümlich wie ein wütendes Meer. Das Chaos ist eine Gewalt, die das Leben bedroht, immerzu, das sollt ihr wissen. Ihr habt keinen Grund, euch einfach sicher zu fühlen. Und ihr könnt vor allem euer Leben nicht selber auf sicheren Grund stellen. Hütet euch vor der Illusion, es doch zu können. Und vor den Folgen solcher Illusion.

Aber dann: Dann sollt ihr auch nicht in ständiger Angst leben müssen. Denn ständige Angst macht das Leben kaputt, und mehr noch: Ständige Angst ist ein ganz schlechter Ratgeber. Sie verführt auch zu Maßnahmen, die nicht gut sind. Angstmaßnahmen, die angeblich eurer Sicherheit dienen und trotzdem das Gegenteil bewirken.

Nein, sagt Gott, ihr seid nicht sicher vor Unglück und Unheil. Aber ich, Gott, kann und will dem Bedrohlichen eine Grenze setzen. Ich schöpfe das Meer nicht aus, aber ich schaffe ihm eine Grenze. Eine Schranke. Wunderbar in der Poesie des Hiob-Buches, wie Gott dem Chaos-Meer eine Grenze setzt: Bis hierher und nicht weiter! Hier sollen sich legen deine stolzen Wogen!

Das bedeutet: Gott schafft Lebensmöglichkeiten in der Gefahr. Nicht rundherum Lebenssicherheit. Aber eben doch Lebensmöglichkeit. Raum zum Leben. Die Angst vor dem Bedrohlichen muss nicht jeden Gedanken, jede Empfindung beherrschen. Sie kann mit Grund zurückgefahren werden. Nicht weil sie völlig unbegründet wäre (sie ist es ja nicht!), sondern weil sie *begrenzt* werden kann. Die Sorge um die Bedingungen unseres Lebens kann begrenzt werden, heilsam begrenzt vom Vertrauen auf Gott, der Leben will und nicht Untergang.

Und jetzt noch – kürzer gefasst – die zweite Antwort. Ich verknüpfe sie mit einem Wort aus Hesekiel 36,36: „Die Heiden, die um euch her übrig geblieben sind, sollen erfahren, dass ich der Herr bin, der da baut, was niedergerissen ist, und pflanzt, was verheert wurde."

Was hinter diesem Gotteswort mitschwingt, das ist die Erfahrung, dass Gottes erste Eigenschaft nicht etwa das ist, was wir gewöhnlich seine Allmacht nennen und unter dieser Allmacht verstehen. Seine erste Eigenschaft ist vielmehr sein *Mitleiden*. Dies kommt zum Ausdruck, wenn Gott gepriesen wird für sein Erbarmen, für seine Barmherzigkeit. Und unser Wort Barmherzigkeit enthält ja beide Bestandteile: das Herz und das Erbarmen. In den Zeugnissen der Bibel werden wir vertraut gemacht mit Gott, der in seinem Herzen berührt sein kann. Er ist gerade nicht der überlegene Weltenherr, den im Grunde alles kalt ließe. Nein, er leidet mit den Leiden Israels. Er kennt die Tränen von Menschen, die geweint werden aus Trauer und aus Verzweiflung. Und ganz am Ende der Bibel, in der Johannes-Offenbarung, wird sogar erzählt von Gott, der *alle* Tränen abwischen und trocknen wird. Israel unter dem Joch der Gefangenschaft, erst in Ägypten, nachher in Babylon – Gott teilt das Leid und verspricht Wandel, Erneuerung, Leben in Freiheit. Wo Dörfer und Städte zerstört wurden, sei es durch Naturkräfte oder durch Menschenhand, da leidet Gott mit den Betroffenen, ist ihrer Lage und ihren Empfindungen nahe und verspricht: Ich bin, der da „baut, was niedergerissen ist, und pflanzt, was verheert wurde".

Wir befinden uns in der Passionszeit. Zeit der Erinnerung an die Leidensgeschichte Christi. Und diese ganze Leidensgeschichte Christi – was ist sie anderes als die große beispielhafte Mitleidensgeschichte Gottes? Wo das Leben eines Menschen die Formen einer Katastrophe annimmt, da lebt Gott nahe bei. Immanuel, der Gott mit uns. Nicht als ein übermächtiger Verhinderer von Unglück bringt er sich ein, aber als innerlich tief Beteiligter, ein Helfer und ein Tröster. Wem dieser Gott zu wenig oder zu schwach erscheint, der muss dann schon hergehen und sich einen anderen suchen. Oder auch gar keinen. Und dabei gehörig aufpassen, dass er nicht ganz Falsches und ganz Verheerendes heimlich zu seinem neuen Gott erhebt. Sich selber zum Beispiel – mit all der zwiespältigen Macht und Kunst, zu denen der Mensch nun einmal imstande ist.

Ein Gott, sagt der Jude. Ein Gott, sagt der Muslim.
Ein Gott in drei Personen, sagt der Christ.
Meinen alle dasselbe?
Ist ein Gott wie der andere? Sind Monotheisten Geschwister?

Trinitatis

IN DER NACHT KOMMT'S AN DEN TAG
Johannes 3,1-8

„Was aus dem Geist geboren ist, das ist Geist" #
(Johannes 3, 6).

Um zwei Dinge geht es: um Trinitatis, das Fest der Dreieinigkeit Gottes und um diesen merkwürdigen Besuch mitten in der Nacht, den Nikodemus bei Jesus gemacht hat. Was könnte das Eine mit dem Anderen zu tun haben?

Es ist ein uralter und immer neu wieder aufgewärmter Vorwurf gegen Christen und ihren Glauben: Sie hätten drei Götter, nicht einen Gott. So deutet und missdeutet man die Sache mit der Trinität, mit Gottes Dreieinigkeit. Man hat Christen nicht immer gleich umgebracht deswegen, aber hat sich gewundert über ihre Religion und hat den Kopf geschüttelt drüber. Ein Gott, das sollte einleuchten; *drei in einem*, das klingt anscheinend mehr nach Hexerei.

Sicher ist davon auszugehen, dass auch unter Christen selber die Sache mit der Trinität häufig als äußerst schwieriges Kapitel angesehen wird. Muss denn dieses Bekenntnis überhaupt sein? Genügt es nicht zu wissen: Gott ist im Himmel und du, Mensch, bist auf der Erde, und es kommt im Leben darauf an, dass du auf der Erde deinen Gott im Himmel achtest und ihm vertraust? Ja, sicher, im Grunde genügt das. Nur: *Was* für ein Gott sollte das sein, den ich achten und dem ich vertrauen soll, im Leben und im Sterben? Was für eine *Macht* soll er haben und wie übt er sie aus? Es gibt ja viele Mächte und Gewalten, und es ist nicht eine wie die andere, und wir Menschen bekommen sie zu spüren, so oder so. Es gibt Mächte, die uns Angst machen und Angst machen wollen. Es gibt Mächte, die uns klein halten und in jeder Hinsicht kontrollieren wollen. Es gibt Mächte, die mit uns spielen, wie die Katze mit der Maus spielt, auf eine unentrinnbare und böse Art und Weise.

Was für ein Gott sollte das sein, dem wir anhängen? Was für ein Gott mit was für einer Macht? Einer, der Angst macht und Angst machen will? Einer, der uns klein und hässlich macht und unser Leben ausspionieren möchte bis in die letzten Winkel hinein? Oder sogar einer, der böse mit uns spielt, der uns hier etwas Gutes gönnte, um dann dort nur heftiger auf uns einzuschlagen?

Christlicher Glaube an den dreieinigen Gott ist die klare und entschiedene Verneinung aller dieser Möglichkeiten. Denn der Glaube an den dreieinigen Gott sagt durchaus etwas Besonderes über *Gottes Macht*. Die Macht, die er hat, und die Macht, die er ausübt. Und das ist die *Macht seiner Liebe*. Gott der Vater und Gott der Sohn sind eins in der Liebe. Christus, der Sohn, offenbart die Liebe des Vaters. Gott, der Vater, zeigt sich, wie er ist, in der Liebe des Sohnes. Und der Heilige Geist ist das Band der Liebe, die vom Vater und vom Sohn aus in die Welt und zu uns Menschen kommt.

Wir können deshalb sagen: Das Geheimnis der Dreieinigkeit Gottes ist das Geheimnis der Liebe. Darum geht es und um gar nichts anderes! Gott ist Macht, ja, unendliche und unerschöpfliche Macht; aber er ist nicht die große Macht, die bedrängen und Angst machen wollte. Er ist nicht die Macht, die Menschen in ihrem Leben, in ihren Gedanken und Gefühlen unterdrückte. Er ist nicht die dunkle Macht, die mit unseren Lebensschicksalen spielen möchte.

Woher wissen Christen das? Einfache Antwort: aus der Bibel, aus dem Evangelium. Genauer: aus der Geschichte Jesu Christi. Denn dieser Christus hat vor allem eines getan: Er hat die Liebe Gottes unter die Menschen gebracht. Er hat die Welt sozusagen infiziert mit dem heilsamen – dem heilsamen! – Bazillus der Gottesliebe.

Christen wissen das.

Jedenfalls könnten wir's wissen. Aber wissen wir's wirklich? –

Nikodemus, der nächtliche Besucher Jesu nach dieser Erzählung im Johannes-Evangelium, wusste es offenbar nicht. Er taucht da plötzlich auf mitten in der Nacht und will etwas. Aber so recht scheint er selbst nicht zu wissen, was er nun eigentlich will. Wer zur Nachtzeit aufbricht und einen Besuch macht, dem ist es dringend, sollte man meinen. Doch es könnte auch sein, dass einer die Dunkelheit nutzt, um nicht gesehen und nicht erkannt zu werden. Bei Nacht sind alle Katzen grau, und ein stadtbekannter Mann kann hoffen, in der Dunkelheit unerkannt zu bleiben. Es drängt ihn was, mit diesem Jesus zu reden, aber er wählt dann doch lieber die Heimlichkeit dazu. Man weiß ja nie! Und in Angelegenheiten der Religion hält man's ohnehin gern mit der Heimlichkeit. Anscheinend ist das nichts für die Öffentlichkeit. Ob und wie mein Herz mit seinem Gott im Himmel verfährt, das geht niemanden was an. So ungefähr.

Wie gesagt, was Nikodemus eigentlich will bei seinem Besuch, ist gar nicht so leicht herauszufinden. Doch eines ist deutlich: Er bewundert diesen Jesus. Er bewundert ihn als „Lehrer", wie er selber sagt, und mehr noch wegen der „Zeichen", die er tut. Zeichen. Also Überraschendes, Bewundernswertes. Wunder, sagt man auch. Nikodemus ist demnach einer, der Jesus bewundert wegen seiner besonderen, überirdischen Kräfte. – Und jetzt? Bedankt sich Jesus und erklärt: Nett von dir, deswegen herzukommen mitten in der Nacht und mir solche Freundlichkeiten zu sagen; tut ja gut, auch mal gelobt, auch mal bewundert zu werden, man ist ja auch bloß ein Mensch?

Nichts dergleichen. Jesus reagiert vielmehr mit einem Satz, der mit dem braven Nikodemus und seinem Anliegen nichts, aber auch gar nichts zu tun zu haben scheint. Er sagt: „Es sei denn, dass jemand von neuem geboren werde, so kann er das Reich Gottes nicht sehen." Punkt. Man kann sich das verdutzte Gesicht des Nikodemus lebhaft vorstellen. Der outet sich als heimlicher Bewunderer Jesu und bekommt etwas zu hören vom Neugeborenwerden. Da wird er erst einmal geschluckt und tief Luft geholt haben, bevor er mit seinen Fragen anfing; lauter Fragen, die zeigen, wie schwer es ihm fiel, Jesus zu folgen.

„Ihr müsst von neuem geboren werden", sagt Jesus in diesem Gespräch.

Ein bisschen davon kennen wir aus eigener Erfahrung und aus unserer Art, darüber zu reden. „Ich fühle mich wie neu geboren", sagen wir dann. Mancher sagt das schon, wenn er nach einem schweißtreibenden Arbeitstag unter der Dusche hervor und gut abfrottiert im Wohnzimmer erscheint: Ich fühle mich wie neu geboren. Also: erfrischt, befreit von Lästigem, von Unangenehmem, dem guten Leben wiedergeschenkt. – Andere sagen es, wenn sie ein längeres, vielleicht an die Nerven gehendes Krankenlager hinter sich haben. Mir geht das auch so. Ich bin ein sehr untalentierter und sehr ungeduldiger Kranker. Das Bett ist mir dann sehr zuwider und im Bett liegen zu müssen eine ziemliche Quälerei. Aber dann, wenn es wieder herausgeht... Der erste Schritt vor die Tür, der erste Blick ins Grün der Bäume und Gärten, der erste Spaziergang, der erste Einkauf mit dem Zettel, den meine Frau beschrieben hat: Da kann ich mich fühlen wie neu geboren! Das Alte und Beschwerliche ist abgefallen von den Schultern und erst recht von der Seele. Das Bedrückende ist verschwunden. Die Seele atmet auf, man ist dem Leben neu geschenkt worden. Erleichterung auf der ganzen Linie.

Und in der Tat, das hat durchaus zu tun mit dem Satz Jesu, der ein wenig rätselhaft klingt (und für Nikodemus jedenfalls sehr rätselhaft klingen musste), diesem Satz vom Neugeborenwerden. Doch er meint natürlich mehr. Viel mehr! Zwei Punkte sind es, die dabei wichtig sind:

Zum einen: Geboren *werden* wir. Auch bei unserer natürlichen Geburt. Da sind wir selber erst einmal passiv. Da lassen wir geschehen, was geschehen soll. Und wenn wir nachher in unserem Leben die aktivsten Typen sein sollten, die überall dabei und immer mittendrin im Trubel sind, engagiert bis zu den Haarspitzen: zunächst einmal *werden* wir geboren. Zuerst sind wir, um überhaupt ins Leben hineinzukommen, vor allem passiv. Eine wunderbare und tiefe Wahrheit, die wir häufig bloß vergessen. Jesus erinnert uns daran: Wir gebären uns nicht selber, wir *werden* geboren. Passiv kommen wir herein ins Leben, und es macht geradezu den Grund unseres Lebens aus, dass wir so aus dem Geboren*werden*, aus dem Passiven kommen. Man kann das mit dem alten religiösen Wort auch „Gnade" nennen. Jedes Geborenwerden ist eine Gnade. Wir leben darum, ob wir es wissen oder nicht und ob wir es wahrhaben wollen oder nicht; wir leben von Grund auf und von Anfang an aus der Gnade.

Zum andern: Jesus redet in seinem Gespräch mit Nikodemus ja nun nicht von unserer natürlichen Geburt. Er spielt darauf an, klar, aber gemeint ist doch etwas Anderes. Denn er verweist ja deutlich genug auf ein *neues* Geborenwerden, und zwar ein Geborenwerden durch den Geist Gottes.

Auch hier ist ganz entscheidend, dass nicht wir etwas machen sollen oder machen können, sondern dass etwas mit uns geschieht; und dass wir dies, was mit uns geschehen soll, auch mit uns geschehen lassen.

Sehen wir den Nikodemus an. Einen frommen Juden der damaligen Zeit und deshalb sicher anders als wir, allerdings nicht so völlig anders. Er will was, deshalb wendet er sich an Jesus. Er will was klären, er will was tun. Wahrscheinlich erhofft er sich Ratschläge über ein Leben mit Gott. Was sollte man tun, worauf achten, welche Vorschriften unbedingt einhalten, welche Gebete zu welchen Zeiten, wie viele gute Werke und so weiter.

Jesus schneidet das alles ab wie mit einer großen Schere. Nichts *tun* musst du, sagt er, sondern neu geboren *werden*. Neu geboren durch Gottes Geist. Sieh mal nicht auf das, was du mit deinen Kräften, mit deinen Aktivitäten, auch allen frommen Aktivitäten zustande bringst. Sondern sieh auf das, was du *empfangen* kannst. Was mit dir geschehen kann von Gott her. Du sollst nichts anderes als Gott mit seinem Geist hineinkommen lassen in dein Leben. Nur eine Tür aufmachen, weiter nichts. Die Herzenstür öffnen, wie es das Adventslied singt: „Macht hoch die Tür, die Tor macht weit, es kommt der Herr der Herrlichkeit." Und seine Herrlichkeit, seine *Macht*, das ist (es war bereits die Rede davon) seine Liebe. Neugeboren durch den Geist, das ist: sich einfinden und einfügen in die Macht dieser Liebe, die Gott selber ist. Davon umhüllt sein wie ein Kind in einer warmen Decke und wie ein Kind in den Armen seiner Mutter. Den Geist Gottes, seinen Geist des ewigen Lebens, empfangen wir nur, wenn wir ihn zulassen und einlassen bei uns, wie wir den frischen Wind einlassen, wenn wir das Fenster aufmachen oder die Tür. Und in die Liebe Gottes finden wir nur hinein, wenn wir dieser Liebe Raum geben in unserem Leben. Dann werden wir zu Neugeborenen im Geist. Und dann sind wir mitten drin im Machtbereich der Liebe. Wir können auch sagen: mitten drin in der Wirklichkeit des dreieinigen Gottes.

2 JESUS CHRISTUS

Malen wir uns einen Jesus zurecht, der uns passt, weil er nicht stört? War er nur Heiland und nicht auch Störenfried? Hat er gelacht? Und lachte er gern? Konnte er barsch und abweisend sein? Durfte er Nein! sagen? Wollte er es? Und verträgt sich's mit unseren Bildern von ihm, dass er imstande war, sich zu verändern?

Sonntage nach Trinitatis

ENTGEGENKOMMEN
Matthäus 15, 21-28

„Er aber antwortete ihr nicht ein Wort. Und seine Jünger traten hinzu und baten ihn: Fertige sie ab, denn sie schreit uns nach"
(Matthäus 15, 23).

Eine biblische Geschichte, wie sie aktueller nicht hereinsprechen könnte in unsre Gegenwart.

Worum geht es? Da tritt eine fremde Frau auf, eine Kanaanäerin, eine Heidin, jedenfalls Angehörige eines anderen Volkes und einer anderen Religion. Die geht Jesus um Hilfe an, und zwar sehr direkt und sehr hartnäckig. Sie tut das, weil sie ihm zutraut, dass er helfen kann. Dass er die Macht hat, ihrer Not zu begegnen und Krankes zu heilen und Dämonen zu verscheuchen. Dämonen – das sind lebensfeindliche Kräfte, Blutsauger und Seelenverderber. Ihre Tochter habe so einen Dämon im Leibe, sagt sie. Und sie sei übel geplagt davon. Wie und mit welchen Erscheinungen, das erfahren wir allerdings nicht.

Also: eine fremde, ausländische Person, die anklopft und um Hilfe bittet. Hier in der biblischen Geschichte handelt es sich um eine einzelne Frau. Keine Jüdin, keine Religions- und Volksgenossin Jesu, sondern eine von anderswoher. Eine von außen. Eine mit eigenem kulturellen Hintergrund, wie man heutzutage sagt. Und eine mit dieser Zumutung, dass sie einfach daherkommt und Hilfe erwartet, ja Hilfe verlangt, mit großem Nachdruck und mit Zähigkeit.

Wie sollten wir da nicht an Ereignisse und Herausforderungen denken, die uns seit Monaten und Jahren beschäftigen? Zu Hunderten und Tausenden sind sie in langen Schlangen unterwegs und klopfen an die Tore unserer Städte und Kommunen – und ein Ende ist nicht abzusehen. Das weckt allerlei Ängste. Nicht *eine* arme Seele ist es, die auf Hilfe hofft, sondern zahllose Flüchtlinge sind es, die aus ihrer lebensgefährlichen Heimat davongelaufen sind und bei uns anklopfen.

Erinnern wir uns noch, wie das anfangs zuging, in den ersten Tagen des großen Zustroms? Da wurden uns Bilder und Filmausschnitte vor Augen geführt, wo Einheimische auf den Bahnhöfen die Flüchtlinge mit Applaus und mit Blumen empfingen. Zeichen einer neuen Willkommenskultur seien das, so hieß es. Offene Arme für alle, woher immer sie kamen. Man konnte staunend zusehen und sich fragen, wie lange das wohl tragen und halten werde.

Inzwischen hat der Wind angefangen, sich zu drehen. Es gibt immer noch viele, die sich persönlich einsetzen, den Flüchtlingen zu helfen. Aber die Bedenken nehmen zu. Und die Stimmen derer, die mit einer Willkommenskultur sowieso nie was am Hut hatten. Das Ganze wächst uns über den Kopf, sagen sie. Das lässt sich einfach nicht integrieren. Es macht uns kaputt auf die Dauer. Sie möchten die Grenzen am liebsten dicht machen und abschieben und herausdrängen aus unserem Land, was das Zeug hält. Andere Staaten in Europa machen's doch auch.

Und da scheint es nun richtig spannend zu sein, diese Jesus-Geschichte von seiner Begegnung mit einer hilfesuchenden Ausländerin genauer anzusehen.

Denn – erstens – Jesus tritt in dieser Geschichte überhaupt nicht auf wie ein begeisterter Fremdenliebhaber, der von Hilfsbereitschaft geradezu überquillt. Er nimmt diese kanaanäische Frau nicht etwa gerührt in die Arme und steckt ihr eine Blume ins Haar. Sondern ganz im Gegenteil. Er gibt sich äußerst reserviert und lässt sie erst einmal gehörig abblitzen. Auf ihren lauten und eindeutigen Hilferuf, mit dem sie erwartungsvoll auf ihn zukommt, reagiert er mit keinem Wort. Höchst erstaunlich! Und wenn es irgendeinen Zweifel geben sollte, dass diese Geschichte mit der kanaanäischen Frau sich wirklich zugetragen hat, wie sie im Evangelium erzählt wird, dann haben wir an dieser Stelle bereits das stärkste Gegenargument: Solche Episoden von einem schroffen, anscheinend mitleidlosen Jesus hätte man unter seinen Jüngern und in der Christengemeinde bestimmt nicht erfunden. Wozu denn auch? Hätten sie doch bloß Irritationen hervorgerufen, die niemand wünschen konnte.

Also: Das war wohl so bei der Begegnung mit der kanaanäischen Frau, dass Jesus sich ihr nicht ohne weiteres zuwandte, sondern ihr die kalte Schulter wies. „Er antwortete ihr nicht ein Wort", heißt es ausdrücklich.

Nun soll niemand denken, ich hielte das für vorbildlich und sogar für nachahmenswert bei unserem Verhalten zu hilfsbedürftigen Fremden. Das sicher nicht. Aber diese spontane Abwehr Jesu hat doch auch etwas typisch Menschliches. Was aufdringlich auf uns zukommt, das löst nicht gleich ungeteilte Herzlichkeit aus, sondern erst einmal eine vorsichtige Zurückhaltung. Keiner lässt sich gern überfallen. Man muss sich erst zurechtfinden, muss sich einfinden in die Herausforderung, die sich da zeigt und die sozusagen mit der Tür ins Haus fällt. Wir sind ja keine Engel, sondern Menschen mit ihren Grenzen und mit ihren Schwächen. Darum: Am Anfang ist gewöhnlich nicht die Begeisterung, sondern die Reserve. Man muss nicht bloß die Dinge sortieren, die da auf einen hereinplatzen; man muss auch sein eigens Inneres sortieren. Muss die plötzliche Aufregung der Gefühle – und zwar der widerständigen ebenso wie der hilfsbereiten Gefühle – erst einmal zulassen und nicht gleich mit überlegener Geste beiseite tun, als spielten sie keine Rolle. Nein, unsre Gefühle spielen eine gewaltige Rolle, und sie können so wechselhaft sein wie das Wetter. Deshalb ist Vorsicht geboten und vernünftiges Abwägen, sonst treiben uns die Gefühle davon, in die eine oder andere Richtung.

In der Jesus-Geschichte treten außerdem die Jünger auf die Bühne. Und die blasen tüchtig ins Horn der Abschottungs- und der Abschiebevertreter: „Fertige sie ab!" erklären sie. Fertige sie ab! Das hatte Jesus selber allerdings nicht getan, als er auf die Bitte der Frau erst mal geschwiegen hatte. Abfertigen heißt: rausschmeißen, vor die Tür setzen, aus den Augen – aus dem Sinn. Die Jünger vertreten an dieser Stelle die Moral einer religiösen und kulturellen Abgrenzung: Was dem eigenen Leben, der eigenen Kultur fremd ist, dürfte schädlich sein; es muss draußen bleiben. Eine moralische Vorstufe von dem, was Joachim Gauck als „Dunkeldeutschland" bezeichnet hat.

Und jetzt wird's noch ein Stück interessanter. Denn Jesus tut *nicht*, wozu die Jünger ihm raten. Er fertigt die um Hilfe bittende Frau nicht kaltschnäuzig ab und jagt sie nicht davon. Er geht aber auch noch nicht auf sie ein. Sondern er sagt: „Ich bin nur zu den verlorenen Schafen des Hauses Israel gesandt." Das klingt in meinen Ohren wie der Satz von einem, der angesichts dieser plötzlichen Herausforderung ins Nachdenken kommt. Und darum hat es auch den Anschein, als wenn er diesen Satz weniger zu den Jüngern, auch weniger zu der bittenden Frau als zu sich selber geredet hätte. *Das* war doch mein Auftrag von Gott her, so höre ich diesen Satz Jesu, es war doch meine Sendung, meine Bestimmung, um Israel, mein Volk, besorgt zu sein, für Israel mich einzusetzen und es wieder heimzuholen zu seinem Gott. Oder war es nicht so? Habe ich vielleicht das, was mein Auftrag war von Gott her, zu eng gefasst und nicht bis zu Ende verstanden? Schickt mir womöglich Gott diese fremde Person, diese kanaanäische Frau hier über den Weg, damit mir etwas klar werde, was bisher noch unklar war für mich?

Kurzum: Ich verstehe diese ganze Szene, auch mit ihrem nächsten und übernächsten Schritt, als einen Vorgang, bei dem in allererster Linie etwas bei Jesus und in ihm selber passiert. Da bewegt sich nach und nach was in seinem Innern. Erst ist er bloß abweisend der hilfebedürftigen fremden Frau gegenüber. Er erlebt als Zumutung, was sie da von ihm verlangt. Dann rasten sozusagen die gängigen Vorurteile ein. Diese Vorurteile, die sich um die Gegensätze von nah und fremd, von einheimisch und auswärtig, von zugehörig und nicht zugehörig bilden, und es ist das Erstaunliche an dieser Geschichte, dass sie derartige Vorurteile ohne weiteres auch bei Jesus antrifft. Erstaunlich und wunderbar zugleich, finde ich. Denn so wird Jesus nicht zu einem moralischen Übermenschen gemacht, der mit alledem nichts zu tun hätte, was uns so oft die Seele verdunkelt und das Leben schwer macht. Mit seinen sehr menschlichen Vorbehalten und Verhaltensweisen kommt dieser Jesus mir näher. Die Bibel verdrängt nicht, was in dieser Beziehung auch in ihm sein konnte. Und ich selber muss deswegen auch nicht verdrängen, was da an dunklen Stimmungen, an angestaubten Vorurteilen auch noch irgendwo in meinem Herzen sitzt.

Bloß, damit ist es ja nicht getan. Die Geschichte erzählt weiter.

In der Tat, die *erste* Pointe dieser Jesus-Geschichte besagt: Ja, auch das kam durchaus vor bei Jesus. Dieser Vorbehalt gegen Fremdes und Unvertrautes. Diese abweisende Geste. Dieser Wunsch, nicht behelligt zu werden durch Zumutungen von Menschen, die mich anscheinend nichts angehen.

Aber dann ist da weiter eine *zweite* Pointe, und zwar die entscheidende Pointe, die besagt: Jesus war ein Mensch, der sich überwinden lassen konnte; innerlich überwinden in seinen Vorbehalten, seiner Reserve, seinem Unmut. Seine erste Reaktion der fremden Frau und ihrem aufdringlichen Hilferuf gegenüber war ein reserviertes Schweigen. Seine letzte Reaktion war eine schöne Einladung: „Dir geschehe, wie du willst!" Also: Komm, auch für dich bin ich da.

Und was dazwischen liegt, das ist ein Prozess innerer Veränderung. Eine Neusortierung von Gefühlen und Einstellungen, ein Weg von der anfänglichen Abwendung zur endgültigen Zuwendung. Und *das* ist Evangelium, gute und hilfreiche und frohmachende Botschaft.

Und was die Geschichte wirklich überzeugend macht, das ist ihre große Entfernung von allen Idealen und allem Illusorischen. Sie macht aus dem Menschen keinen Heiligen und aus Jesus keinen Engel. Es menschelt gehörig in dem Ganzen, und das ist gut so. Denn wo es so menschelt, da sind wir bei den Realitäten und nicht im schönen Film oder im Märchen. Und wo es menschelt, sind wir auch ziemlich bewahrt davor, uns selber zu überschätzen und unser Konto an Menschlichkeit töricht und blind zu überziehen. Was uns Kraft gibt, uns wirklich hilfreich und menschlich zu verhalten, das wirkt allemal Gott in uns und sein Geist unter uns, wie er auch in dem Menschen Jesus gewirkt hat.

Dies alles bedeutet am Ende auch noch etwas für unser Verhältnis zur sogenannten Migrantenfrage und für unser Verhalten den Menschen gegenüber, die als Flüchtlinge zu uns kommen. Nicht dass wir sie mit Begeisterungsstürmen empfangen und nachher unbeachtet irgendwo liegen lassen, ist gut – sondern, dass wir erst einmal selber in uns hineinhorchen, wie wir denn eigentlich gestimmt und gewillt sind den Fremden gegenüber und was sich da vielleicht regt an Widerständen und Bedenken. Und dass wir uns dann *nicht* zufrieden geben damit, sondern um Gottes guten Geist bitten, dass er uns weiterhelfe und Mut und Kraft gebe, den Menschen so zu begegnen, wie es der barmherzige Gott will, und an den Stellen auch praktische Hilfe zu leisten, wo unsere Hilfe gebraucht wird. *Das* ist nüchterner und zugleich christlicher als aller Begrüßungsüberschwang, der am Ende doch nicht viel mehr ist als ein bisschen Theater. Wie schreibt Paulus einmal: „Wir aber, die wir dem Tage angehören, wollen *nüchtern* sein, angetan mit dem Panzer des Glaubens und der Liebe und mit der Hoffnung des Heils als Helm" (1. Thessalonicher 5,8).

*Söhne und Töchter verlassen ihr Elternhaus, wenn es an der Zeit ist.
Der natürliche Gang der Dinge ist trotzdem oft schmerzhaft für die Mutter,
schwierig für den Vater.
Wo will hin, wer fortstrebt von daheim?
Wo gehört hin, wer seiner Bestimmung folgt?*

Weihnachten/Epiphanias

AUCH EIN VERLORENER SOHN
Lukas 2, 41-52

„Wusstet ihr nicht, dass ich sein muss in dem, was meines Vaters ist?"
(Lukas 2,49).

Das ist eine Geschichte vom verlorenen Sohn – und zwar eine besondere. –

Natürlich denken wir zuerst an das Gleichnis, das auch von Lukas erzählt wird, wenn vom verlorenen Sohn die Rede ist. Der junge Mann, der es daheim nicht mehr aushält. Der den Vater um sein Erbteil bittet, den Ranzen packt und auf und davon zieht in die Fremde. Denn die Fremde lockt mit allem Unbekannten und mit ihren Geheimnissen. Und was lockt, das kann auch verstricken, das kann auf Abwege führen und ins Abseits bis hin – letzte Station im Gleichnis – zu den Fresströgen der Schweine. Aber der verlorene Sohn bleibt nicht verloren. Er kehrt um und findet heim zum Vater und wird mehr als freundlich, nämlich mit weit geöffneten Armen, aufgenommen.

Das ist der verlorene Sohn im Gleichnis, der nach vielen Umwegen am Ende glücklich heim findet.

Und der verlorene Sohn hier, am Schluss des zweiten Lukaskapitels, das mit der Weihnachtserzählung angefangen hatte? Findet der heim? Am Anfang – Weihnachten – findet er keine Herberge mit seinen Eltern, und jetzt findet er auch nicht recht nach Hause – oder doch?

Verlorene Söhne, verlorene, jedenfalls zeitweise verloren gegangene Kinder – jeder kennt das, der Kinder groß gezogen hat. Irgendwann, irgendwo sind sie plötzlich weg. Wie vom Erdboden verschwunden. Sie haben eine interessante Spur gefunden und sind ihr gefolgt und haben drüber alles vergessen. Und die besorgten Eltern machen sich auf die Suche und werden mit jeder Minute kribbliger und wälzen düstere Phantasien in ihren Köpfen.

Meine Frau und ich haben es einmal mit unserer damals kleinen Tochter in der Schweiz erlebt, in einem riesigen Kaufhaus, quirlend voll mit einkauflustigem Publikum, und mit einem Mal war die Kleine weg. Naja, hinter dem nächsten Kaufstand wird man sie entdecken oder hinter dem übernächsten. Von wegen. Die Suche bleibt ohne Erfolg, die Sorge wächst. Man begibt sich in die nächste Etage, sucht alles ab, rudert schließlich zurück zum Eingangsbereich. Da ist eine Musikkapelle aufgebaut, elektronisch betrieben und mit großen Puppen bestückt, die Instrumente spielen. Und hingerissen davor steht unsre Kleine, völlig gefangen genommen von dem Bild und von den Klängen, die sie angezogen haben.

Eine schönere Geschichte noch hat mir ein Neffe aus München erzählt. Die Eltern waren mit ihrer kleinen Tochter in einem großen Bekleidungsgeschäft und merkten auf einmal, dass das Kind fehlte. Die übliche Prozedur: Suchen in allen Ecken, auf allen Gängen, bei sich steigernder Besorgtheit. Bis einer Verkäuferin auffällt, dass Passanten auf der Straße lachend in ein Schaufenster schauen. Und da hockt denn auch die verlorene Tochter, mitten in der sorgsam ausgelegten Damenwäsche und winkt fröhlich nach draußen.

Die Geschichte hier im zweiten Lukaskapitel fängt ziemlich ähnlich an. Sicher, der Junge soll zwölf Jahre alt sein, nicht ein Kind von zwei oder drei Jahren. Also zwölf. Aber Zwölfjährige sind auch nicht ohne, und wenn die mal weg sind, dann sind sie es gründlicher als die Kleinen. Beim zwölfjährigen Jesus war es, so will die Geschichte sagen, nicht anders. Erst einmal – nicht anders. Beim Festtrubel in Jerusalem geht er plötzlich verloren. Die Eltern merken's gar nicht gleich, sie merken es sogar eine ziemliche Strecke nicht, denn sie befinden sich ja schon auf dem Heimweg nach Nazareth, als sie den Verlust überhaupt entdecken. Und was macht man, wenn ein kleiner Sohn verlorengegangen ist? Richtig, man sucht. Hier und da und überall. Zuerst innerhalb und im Umkreis der Festkarawane, mit der man unterwegs war. Der Erzähler hält diese Bemühung auch im Zeitmaß fest: Einen vollen Tag hängen sie dran mit ihrem Suchen. Ergebnis: negativ. Also zurück. Den Weg zurück nach Jerusalem, wo man ihn zuletzt gesehen hatte, und dort suchen sie – der Erzähler hält es genau fest – noch einmal drei Tage lang. Drei Tage! Man stelle sich die Verfassung vor, in die die Mutter allmählich hineingeraten musste. Bei uns und heutzutage wäre längst die Polizei im Einsatz mit Suchkommandos und Spürhunden. Was kann auch nicht alles passieren mit Kindern in einer großen Stadt?

Und dann finden sie ihn am Ende doch, diesen verlorenen Sohn. Und sie finden ihn – im Tempel und im Gespräch mit bibelgelehrten Männern. Spätestens an dieser Stelle hört die Geschichte auf, eine der normalen Geschichten von normal verlorenen Kindern zu sein. Dass ein Zwölfjähriger im Tempel, also in einem Heiligtum, an einem religiösen Ort sitzt und darüber alles vergisst: Die Zeit, die Eltern, den Heimweg, das ist schon auffallend und eigenartig. Aber auffallender noch und eigenartiger als das wirkt das kurze Gespräch, das sich anschließt, das Gespräch zwischen Mutter und Sohn. Kurze Gespräche können es ja mächtig in sich haben. Da kann ein einziger Satz alles sagen. Die ganze Wahrheit.

Maria, die Mutter, trifft das verlorene und glücklich wiedergefundene Kind und sagt: „Kind, warum hast du uns das angetan?" So redet eine Mutter, die sich in Sorge schier verzehrt hat um das verlorene Kind. Es ist gar keine richtige Frage. Es ist mehr wie ein schwerer Seufzer, in dem die Not der vergangenen Tage zum Ausdruck kommt und auch die Erleichterung, dass es nun vorbei ist. Ein bisschen Seufzer und ein bisschen Vorwurf und vor allem ein großes, bleibendes Nichtverstehen. Warum?

Dann fügt sie noch hinzu, was man an der Oberfläche hören kann, aber auch in seiner Tiefe: „Siehe, dein Vater und ich *suchen dich mit Schmerzen.*" An der Oberfläche heißt das: Wir sind vor Angst und Sorgen schier umgekommen in den letzten Tagen, weißt du das und kannst du dir das ausmalen? Die Lage und die Stimmung, die Eltern erfüllt, wenn sie ihr Kind vermissen und suchen? Das kennen wir. Aber das ist auch, wie gesagt, Oberfläche. Darunter lagert in der Aussage noch etwas Tieferes: "dich mit Schmerzen gesucht". In der Geschichte vorher im zweiten Lukaskapitel hatte Simeon im Tempel der Mutter Maria prophezeit, ihr werde „ein Schwert durch die Seele dringen". Ein Schwert durch die Seele; prophetisch angespielt auf die Zukunft der Kreuzigung dieses Sohnes, wo die Mutter ihn noch einmal verlieren sollte, noch einmal und ganz anders durch seinen furchtbaren Tod.

Und zwischendrin das Suchen mit Schmerzen. Es ist ja nicht so, dass eine gute Mutter ihren Sohn bloß suchte, wenn er irgendwann, irgendwo zufällig abhandengekommen ist. Sie sucht den, den sie kennt und auch wieder nicht kennt. Sie sucht sein Innerstes, sein Verborgenes, wir können auch sagen: sein Geheimnis. Jeder Mensch, den Gott geschaffen hat, trägt in sich mehr als er nach außen Tag für Tag zu erkennen gibt. Jeder Mensch bleibt in seinem Innern ein Geheimnis, das sich nicht leicht entdecken und auflösen lässt. Auch nicht von der eigenen Mutter.

Und nun erst dieser junge Jesus und seine Mutter. „Ich habe dich mit Schmerzen gesucht", sagt sie. Ich weiß, dass du mein Sohn bist, aber auch mehr irgendwie und anderes als das. Ich bin dir nah, wie eine Mutter ihrem geliebten Sohn nahe sein kann, aber da ist noch etwas, das gleichsam zwischen uns liegt, uns auch voneinander entfernt und mir den Eindruck vermittelt, dass du mir beides zugleich bist, vertraut *und* fremd, ganz nah *und* auch wieder unnahbar auf eine eigene Weise. Und das ist schmerzlich. Ich bin auf Wegen, dich zu suchen und empfinde unter Schmerzen, dass es mir nicht vollkommen gelingen will. –

Die Antwort Jesu passt dazu. Eine Antwort, die selber in eine Frage verpackt ist: „Wusstet ihr nicht, dass ich sein muss in dem, was meines Vaters ist?"

Die Antwort eines Zwölfjährigen, man stelle sich vor. Am Ende einer tagelangen besorgten Suchaktion der Eltern, in diesem Augenblick aufgewühlter Gefühle: keine Bitte um Verzeihung; nicht mal der lahme Versuch, eine Entschuldigung vorzubringen, sondern trotzig, gerade heraus, mit entschiedenem Widerspruch: „Wusstet ihr nicht...?"

Der Mutter dürfte dann klar geworden sein, noch einmal und noch intensiver, wie das ist, diesen Jungen mit Schmerzen zu suchen. Ihn überhaupt zu erreichen. Ihm verstehend nahe zu kommen. Ich finde, das hat seine Tragik, und in dieser Tragik erscheint mir die „Schmerzensreiche" sympathischer als ihr zwölfjähriger Sohn.

Aber an diesem Punkt sollen wir natürlich nicht stehen bleiben. Wir sollen ja – so will es der biblische Erzähler – in dieser Szene bekannt gemacht werden mit der Besonderheit dieses Zwölfjährigen. Er ist Marias Sohn, keine Frage, aber nun doch mehr und anderes als das. Der Hinweis darauf steckt in der Bemerkung, dass er sein muss in dem, was seines Vaters ist. Der verlorene Sohn und *sein* Heimkommen. Der aus dem Gleichnis kommt heim, indem er in den Sackgassen seines Lebens gehörig in sich geht und den Rückweg antritt in die Arme seines Vaters. Dieser hier, den die Eltern beim Passahfest in Jerusalem aus den Augen verloren hatten, findet ebenfalls heim, in die Nähe des Vaters, aber nicht – darauf legt der Erzähler den Finger – nicht nach allerlei Irrfahrten und Abwegen, sondern bald, gleich am Anfang, schon in seiner Jugend. Und der Vater, in dessen Nähe er sein

Zuhause findet, ist der himmlische Vater, ist Gott selbst. Sein in dem, was meines Vaters ist: Das meint den Tempel, das ist das göttliche Wort, der göttliche Raum, der Wille des Vaters. Der Wille des himmlischen Vaters hat unbedingt Vorrang vor dem Willen der irdischen Eltern. Nicht wie ich will, sondern wie du willst, betet derselbe Jesus später in Gethsemane. Und: Dein Wille geschehe, sagt er im Vaterunser. Das ist es, was er meint mit den Worten: Ich muss sein in dem, was meines Vaters ist. Die Nähe und die innere Verbundenheit mit Gott, die so eng ist, dass Jesus nach Johannes sogar erklären kann: „Ich und der Vater sind eins." Einig und eins. Die Geschichte hier am Ende des 2. Lukaskapitels hat genau dies zum Thema. Sie sagt: Das war nicht erst später so, nicht erst der wahre Geheimnisgrund im erwachsenen Jesus. Es kam schon in seiner Jugend zur Geltung, schon bei dem Knaben, der gerade einmal zwölf Jahre alt war. Der scheinbar verlorene Sohn war nur vorübergehend den Eltern abhandengekommen. In Wahrheit war er bereits daheim. In Jerusalem, im Tempel, im Gespräch über den Heiligen Schriften, in der Nähe des himmlischen Vaters.

Maria, die Mutter, so notiert der Erzähler, verstand nicht, was der Junge ihr gesagt hatte. Das ist auch ein Teil ihrer schmerzlichen Beziehung zu ihm, mit deren Nähe und ihrer Entfernung. Natürlich hörte sie die Worte, aber deren Sinn erschloss sich ihr nicht. Noch nicht. Sie würde weiter mit ihm unterwegs sein in ihrem Leben, würde ihn weiter suchen unter Schmerzen und ihn finden und doch nicht ganz und vollkommen finden. Ein Rest würde bleiben von seinem Geheimnis, und sie würde es, einer liebenden Mutter gleich, in ihrem Herzen behalten; die Worte, die sie hörte, und das Geheimnis des Christus und Gottessohnes, das sich in ihnen verbarg. Und damit würde sie doch gesegnet sein mit einem erfüllten, buchstäblich gotterfüllten Herzen.

Nicht jede Plackerei findet auch ihren Lohn.
Du kannst dich mühen und schinden; wenn du Pech hast, kommt nichts heraus dabei. Und das Ende heißt Frustration.
Doch den Seinen gibt's der Herr im Schlaf, heißt es.
Einem Fischer füllt er die Netze, dass sie zu zerreißen drohen.
Zwischen alte und schwache Hände, die im Schoß zusammengefaltet sind, steckt er eine blühende Rose.

Sonntage nach Trinitatis

ZWISCHEN FRUST UND FÜLLE
Lukas 5,1-11

„Fürchte dich nicht! Von nun an wirst du Menschen fangen"
(Lukas 5,10).

Und nun steht er also da, dieser Simon Petrus, mit diesem merkwürdigen Wort vom Menschenfangen, vielleicht noch mit einem Zipfel des Netzes in der Hand, das vorhin übervoll war mit einem Fang aus dem See, und mit diesen neuen Erfahrungen erfüllt, dass da etwas geschieht, was kein Mensch erwarten konnte, und dass er – Simon – ein kleiner Fischer an einem See, auf einmal mittendrin steckt in diesem Geschehen und merkt: *Das* wird nun alles verändern.

Es gibt ja diese Erfahrungen (sie kommen wahrhaftig nicht alle Tage vor, aber in besonderen Augenblicken), und dann scheint sich eine

JESUS CHRISTUS

neue Tür aufzutun im Leben und ein neuer Weg anzufangen. Man weiß noch nicht, wohin. Aber man weiß, es wird ein neuer Weg sein, und es geht buchstäblich kein Weg daran vorbei. Schlüsselerfahrungen nennen wir das. Begegnungen, in die wir hineingeraten und die auf einmal etwas aufschließen, was bisher dunkel und verschlossen gewesen war für uns.

Petrus also, das können wir uns vorstellen, mag dagestanden haben, ohne in der Lage zu sein, das Erlebte für sich auf die Reihe zu bringen. Er kann doch eigentlich nur kräftig durcheinander gewesen sein. Und mit der Zeit wird er damit begonnen haben, sich die Dinge zurechtzulegen, die da passiert sind und die dann in der Aufforderung an ihn selber gipfelten, er solle von nun an Menschen fangen. –

Der Tag hatte schlecht angefangen. Weiß der Himmel, es gibt solche Tage. Man steht auf und ist bereits übel gelaunt. Der Regen missfällt, weil er nass macht, oder die Sonne, weil sie heiß ist, oder man hat miserabel geschlafen oder was sonst. Petrus hatte mit seinen Leuten eine verkorkste Nacht hinter sich, eine Nacht zum Arbeiten und Verdienen, aber es war nichts gewesen. Die ganze Nacht gefischt und nichts gefangen! Das kam vor gelegentlich und war doch immer wieder eine herbe Enttäuschung. Die Nacht um die Ohren geschlagen, geschuftet in einem Gewerbe, in dem man ohnehin keinen Reichtum ansammelte, und dann – nichts. Man war zurück ans Ufer gerudert und hatte sich müde hingeworfen. Müde war man immer nach dem nächtlichen Fischen. Aber Müdesein nach dem Erfolg ist etwas Schönes, Müdesein nach dem Misserfolg ist eine Strafe.

Also, kein strahlender Morgen war heraufgezogen für Simon, er hatte ein wenig ausgeruht, dann hatte er sich an die Netze gemacht, säubern, die schadhaften Stellen ausbessern, da gab's immer zu tun. Und dann waren Menschen eingetroffen im Lauf des Vormittags, einzelne und Gruppen, immer mehr, und dann dieser Rabbi Jesus von Nazareth dabei, den sie sehen und hören wollten. Simon Petrus, fast ein bisschen grimmig mit seinen Netzen beschäftigt, ließ das Ganze geschehen ohne besondere Anteilnahme. Er hatte überhaupt nichts gegen diesen Menschen, den die anderen alle hören wollten, aber er drängte sich seinerseits nicht gerade in seine Nähe. Er blieb, wo er war, und wusch seine Netze.

Aber es gibt Tage, da wirst du nicht in Ruhe gelassen, auch wenn du das Gefühl hast, du brauchst jetzt nichts weiter als deine Ruhe.

Der Rabbi Jesus nämlich steigt in sein Boot – sein, des Simon Fischerboot – und lächelt ihm zu. Sagt, es wäre sehr freundlich, wenn er – Simon – das Boot ein kleines Stück aufs Wasser rudern würde, damit er – Jesus – verständlicher und weniger bedrängt zu den Leuten reden könnte. Petrus, man muss es verstehen, war nicht begeistert. Wieder eine Arbeit – und wieder für nichts. Aber ablehnen mochte er auch nicht. Er hatte ja nichts gegen diesen Prediger, und dann die Leute alle, die es gewiss nicht verstanden hätten, wenn er sich weigerte. Also nahm er die Ruder und brachte den Mann auf den gebotenen Abstand zu seiner Hörerschaft. Er selbst – Simon – setzte sich ins Boot, fingerte an einem Netz herum und hörte keineswegs konzentriert, sondern nur sehr beiläufig den Reden des Meisters zu. Einmal hieß es darin, das Reich Gottes sei wie ein Schatz im Acker, und er hatte gedacht: Ja, das ist ein großes Glück, wenn man ihn findet, so einen Schatz im Acker, aber wer findet ihn denn schon, einer unter tausend oder unter zehn- und hunderttausend, so selten ist das mit den verborgenen Schätzen, und ein bisschen ähnlich verhält sich's mit den Schätzen im See, mit den Fischschwärmen tief drunten, und du fährst drüber hin die ganze Nacht und suchst und suchst, und die Netze, die du ausgeworfen hast, kämmen das Wasser durch, und wenn du sie wieder einholst, dann ist nichts drin außer Schlinggewächs und ein paar winzigen Fischlein, die erst noch erwachsen werden sollen, und du wirfst alles wieder über Bord. Das Reich Gottes wie ein Schatz, der plötzlich gefunden und gehoben wird. Ja, und all das vergebliche Suchen? Die Enttäuschungen? Die leeren Hände?

Der Prediger, der im Boot gestanden hatte, war fertig. Er sah Simon an und lächelte wieder. So, sagte er, und nun fahre weiter hinaus auf den See und wirf deine Netze aus... Simon, man muss das verstehen, war wieder nicht begeistert. Laut sagte er: Herr, die ganze Nacht haben wir gefischt und nichts gefangen! Für sich selber dachte er: Wer nachts nichts fängt, der fängt am hellen Tage gleich zweimal nichts. Er weiß es nicht, gut, ein Rabbi versteht sich auf die heiligen Schriften, aber er sollte uns zutrauen, dass wir was vom Fischfang verstehen. Jedem das Seine. Eine Pleite bei der Arbeit reicht mir, es muss nicht sofort die nächste folgen.

Aber Jesus lächelte immer noch in diese ganze Verdrossenheit des Simon hinein und sagte, er solle es ruhig probieren mit den Netzen, auch wenn jetzt Mittag sei, nicht gerade eine günstige Zeit für den Fischfang. Petrus hatte geseufzt und erwidert, auf sein Wort hin wolle er's tun. Er hatte noch ein paar Leute an Bord genommen, auch den anderen vom zweiten Boot mitgeteilt, dass es noch mal hinausgehe – und dann war der Erfolg einfach überwältigend gewesen. Die Netze beulten sich, bis sie beinahe zerrissen, und die Boote quollen über von dem Gewimmel aus dem See. Simon war einer, der einen Schatz gefunden und gehoben hatte. Nicht einen im Acker, aber einen im Wasser, und er hatte ihn nicht gefunden, weil er nach raffinierten Plänen vorgegangen wäre oder weil alle Berechnungen gestimmt hätten. Er hatte diesen Schatz vielmehr gefunden, wie ein Kind den Ausgang aus einem Irrgarten findet, nämlich völlig überraschend und rein zufällig. Es war ihm einfach in den Schoß gefallen wie aus heiterem Himmel. Was er selber dazugetan hatte, war herzlich wenig gewesen, und das meiste hatte er im Grunde genommen dazugetan, um dieses Finden zu verhindern. Das Reich Gottes ist wie ein Schatz, den einer im Acker findet, hatte Jesus gesagt.

Dass Simon Petrus nun klar gesehen hätte, wäre auch nach seiner eigenen Einschätzung eine ziemliche Übertreibung gewesen. Das Erlebte brachte bei ihm mehr durcheinander als in eine durchschaubare Ordnung. Er warf sich nieder vor Jesus und stammelte etwas daher, dass er sich schäme und ein armer Fischer sei und ein sündiger Mensch und er möge ihn doch schonen und es ihm nicht verübeln, dass er so missmutig gewesen sei vorhin.

Es war alles nicht berechnend gemeint, was Simon da erzählte, sondern es ergoss sich aus seiner Seele, wie sich die Flut der Fische über den Rand des Bootes ergossen hatte.

Und Jesus hörte sich das alles an, und es war, als wollte er's eigentlich gar nicht hören und als sei er mit seinen Gedanken schon viel, viel weiter. Simon, sagte er, du sollst dich nicht fürchten. Dies alles, was du hier erlebst, ist kein Anlass zum Fürchten. Verstehst du: Fürchten müssen wir nur das Böse. Aber nicht, was ich tue. Und nicht, was Gott tut. Staunen darfst du, ja. Auch ein bisschen verwirrt sein, wie du's im Augenblick zu sein scheinst. Die großen Erfahrungen im Leben sind nur dann wirklich groß, wenn sie uns auch bewusst machen, wie klein wir eigentlich sind, wir Menschen. Wie klein mit unseren Gedanken. Wie klein mit unsrer Verdrossenheit, über eine Nacht zum Beispiel, in der wir redlich gearbeitet und gefischt haben, aber leider ohne Erfolg. Wie klein sind wir mit unseren Sorgen. „Der Herr hat Großes an uns getan, des sind wir fröhlich", singt der Psalm. Großes, das ist hier keine Angabe in Mengen. Es ist die besondere Erfahrung, ist Begegnung mit Gott. Wo er in dein Leben tritt, da geht das Leben nicht im gleichen Takt und Rhythmus einfach weiter. Es kann tief erschüttert werden davon, es können sich die Gewichte mächtig verschieben, es kann eine neue Tür aufgehen und ein neuer Weg beginnen. Nur, zum Fürchten ist das alles nicht. Es kommt ja alles aus der Liebe. Und es kommt von Gott. Und Furcht ist nicht in der Liebe.

Simon Petrus fragte: Was soll ich tun?

Und Jesus antwortete: Von jetzt an sollst du Menschen fangen. – Und es entging Simon Petrus nicht, dass er wieder lächelte, als er das sagte.

Und dann war er fort, ausgestiegen aus dem Boot, war mit anderen auf dem Weg zur nahen Stadt gegangen, und er – Simon – war vorerst allein zurückgeblieben. Mit diesem Wort vom Menschenfischen, das ein Wort für seine persönliche Zukunft sein sollte. Auf sein Wort hin hatte er vorhin, ohne innere Bereitschaft eigentlich, aber mit überwältigendem Erfolg, den Fischzug angefangen. Und auf sein Wort hin sollte er nun einen noch ganz anderen Zug anfangen, bei dem es nicht mehr um Fische, sondern um Menschen gehen würde. Aber in welcher Weise und mit welchem Ziel?

Ich bezweifle, dass Simon Petrus auf Anhieb verstanden hat, was Jesus meinte mit diesem Wort. Aus dem Fischefänger sollte ein Menschenfänger werden. Natürlich, das sollte der Anfang von etwas ganz Neuem werden, heraus aus den alten Pflichten, den alten Gewohnheiten auch. Aber Menschen *fangen*? Waren denn nicht damals und sind nicht heute viel zu viele unterwegs, die nichts anderes im Sinn haben, als Menschen zu fangen? Mit Speck fängt man Mäuse, sagt das Sprichwort, und Menschen fängt man auch mit Nahrhaftem und Schmackhaftem und mit großen Versprechungen. Und dann gehen sie den Menschenfängern ins Garn und merken leider erst zu spät, dass sie sich elend haben täuschen und gefangen nehmen lassen. Die Menschenfänger also mit ihren lockenden Versprechungen. Es gibt sie auf allen Gebieten, auch auf dem Gebiet der Religion, und immer stehen irgendwelche Gestalten auf und versprechen Heil und Seligkeit und verkaufen Religion und machen ihr Geschäft dabei und lassen die Menschen, junge Menschen oft, in ihren Netzen zappeln. Menschenfänger.

Nein, so etwas kann *nicht* gemeint gewesen sein von Jesus, auch nicht einmal von ferne. Er war und ist doch der, der frei macht, frei aus allen Schlingen und Netzen und Gefangenschaften und nicht im Gegenteil. Und wenn er nach dieser Szene am See Genezareth dem Simon Petrus sagt, er solle vom Fischefänger zum Menschenfänger werden, dann betrifft das nur diesen *einen* Punkt; einzig und allein diesen Punkt, dass Petrus in Zukunft nicht mehr mit Fischen, sondern mit Menschen zu tun haben soll. Und zwar ähnlich so, wie Jesus selber mit Menschen zu tun hat: sie suchend, ihnen nachgehend, sie tröstend und dann – ihnen gerade nicht aus dem Leben heraus, sondern ins Leben hinein helfend, ins Leben mit Gott nämlich und in den Glauben. Im Bild vom Menschenfangen ist etwas Gewalttätiges enthalten, und das macht es schwer, auch gefährlich, wenn man es missbraucht. Aber wenn wir auch nur ein bisschen von Jesus verstanden haben, dann ist klar, dass *er* nichts Gewalttätiges gemeint hat mit diesem Wort. – Auch die Liebe kann uns ja sozusagen gefangen nehmen. Und es ist etwas Wunderbares, wenn wir's erleben!

Wünsche gehen manchmal in Erfüllung, aber wahrhaftig nicht immer.
Einer bleibt auf seinen Wünschen sitzen und ist unglücklich.
Ein anderer fliegt auf seinen Wünschen davon und
verliert die Bodenhaftung. Ein dritter erfährt, was man
die „Melancholie der Erfüllung" genannt hat.
Was Erfüllung war, blieb weit hinter den Erwartungsbildern zurück.
Ein Gesegneter, wer erlebt, dass die Wunscherfüllung schöner und größer
sein kann als der lang gehegte und längst staubig gewordene Wunsch.

Sonntage nach Trinitatis

WEM DIE AUGEN AUFGEHEN
Lukas 18, 35-43

„Was willst du, dass ich dir tun soll? Er antwortete:
Herr, dass ich wieder sehen kann"
(Lukas 18, 41).

Und der Blinde, der aufgehört hatte, blind zu sein, folgte Jesus nach und pries Gott. – Ob er das wirklich sofort getan hat, ohne Umschweife und ohne Zögern?

Ich kann mir das eigentlich kaum vorstellen. Große Erlebnisse brauchen Zeit, um vollends in uns anzukommen. Und darum nehme ich an, dass dieser Blinde, der unter so besonderen Umständen ein Sehender wurde, nicht sofort aufsprang, um mit den anderen weiterzuziehen. Er blieb vielleicht erst einmal sitzen auf seinem Platz am Rand der Straße. Blieb sitzen und machte – große Augen. Und war dabei, ganz langsam zu erfassen und innerlich zu verarbeiten, was da mit ihm geschehen war. Und ich stelle mir nun vor, wie er nach einer Weile merkte, dass ihm gerade gegenüber, auf der anderen Seite des staubigen Wegs, ein Kind hockte und ihn mit stummem Interesse betrachtete.

„Du bist also nicht mit den anderen weitergezogen?", fragte der Mann.

„Nein", antwortete das Kind. „Ich bin hier zu Hause, gleich hinter dem nächsten Hügel. – Ich kenne dich."

„Ach ja, du kennst mich", sagte der Mann.

„Bist du froh, dass du jetzt sehen kannst und nicht mehr blind bist?", fragte das Kind.

Wie Kinder fragen können! Natürlich war er froh. Es ist wunderbar, wenn man aus einer langen Nacht hervortreten und den Tag sehen kann. Wie hatte er sich gesehnt danach! Es gab Zeiten, da konnte er an nichts anderes denken als an diese Möglichkeit: Farben zu sehen und Formen und Licht und menschliche Gesichter und die Bewegungen und Muster in einer Landschaft.

„Siehst du jetzt eigentlich viel mehr als vorher?", fragte das Kind.

„Du stellst merkwürdige Fragen", sagte der Mann, „aber ich habe das Gefühl, dass ich darauf antworten soll. Ob ich jetzt mehr sehe? Ja, natürlich, jedenfalls auf den ersten Blick. Ich sehe Wolken und Blätter an den Bäumen und deine großen Sommersprossen im Gesicht. Also viele Dinge. Sehr viele Dinge. Aber jetzt, wo ich alle diese vielen Dinge sehe, da weiß ich auf einmal nicht, ob sie mich nicht verwirren und blenden. Die vielen Menschen vorhin, die bei Jesus waren und mit ihm zogen. Ich habe sie gesehen. Aber mir fällt auf, dass ich kein einziges Gesicht in Erinnerung habe. Die Gesichter zogen vorbei an meinen geheilten Augen, aber sie hinterließen keinen Eindruck bei mir. Sie sind einfach weg. – Und darum denke ich gerade darüber nach, ob ich jetzt wirklich mehr und besser sehen kann als vorher."

„Aber Jesus hat dir doch die Augen geöffnet", sagte das Kind.

„Ja", antwortete der Mann, „das hat er getan. Ich hatte ja auch vorher gehört, dass er ein Mann Gottes sei, der imstande wäre, Menschen die Augen zu öffnen. Und da hatte ich gedacht, der könnte mir vielleicht helfen in meiner Blindheit. Ich hatte es ja schon manchmal versucht mit Leuten, die besondere Salben anpriesen, und mit anderen, die mancherlei Zauber vollführten mit Säften von Pflanzen und mit Beschwörungen, alles zu dem Zweck, mein Augenlicht wiederherzustellen – es hat alles nichts genützt. Und nun kam plötzlich dieser Jesus vorbei. Ich dachte: Es ist *die* Chance meines Lebens. Jetzt endlich könnte mein sehnlichster Wunsch in Erfüllung gehen."

„Ist er in Erfüllung gegangen?", fragte das Kind.

Der Mann, der blind gewesen war, lächelte. „Ja, ich glaube", sagte er dann, „aber er ist vielleicht anders in Erfüllung gegangen, als ich es mir vorgestellt hatte. Ich wollte die Dinge sehen können. Die Bäume, die Menschen, Berge, den Staub der Straße, den der Wind aufwirbelt. Ich wollte einfach, wie alle anderen Menschen auch, die Dinge in der Welt ansehen können. Und *er* ist gekommen und hat mir die Augen geöffnet."

„Ist das denn nicht dasselbe?", fragte das Kind, „die Dinge ansehen können und die Augen geöffnet bekommen?"

„Ich habe gedacht, es wäre dasselbe", sagte der Mann. „Langsam verstehe ich, dass da ein großer Unterschied ist. Du hast ja vielleicht mitgehört, wie das vorhin war. Wie ich Lärm geschlagen habe, um auf mich aufmerksam zu machen. Lärm und Geschrei. Ich weiß nicht, ob ich vorher jemals so laut und andauernd geschrien habe. Richtig gebrüllt hab ich. Und als es den Leuten zu viel wurde und sie mir den Mund stopfen wollten, da habe ich mich nicht beirren lassen. Schimpft ihr bloß, hab ich gedacht, ihr seid ja nicht in meiner Lage. Ihr seid nicht blind wie ich. Ihr gehört zu den Sehenden. Und dann hab ich weiter geschrien, es war wirklich ein schlimmes Theater. Aber, wie auch immer, Jesus hat angehalten. Er hat mich herholen lassen. Und dann hat er mir diese merkwürdige Frage gestellt, erinnerst du dich?"

„Er hat dich gefragt, was du willst", sagte das Kind.

„Genau", bestätigte der Mann. „Fragt mich tatsächlich, was ich will. Ich war zuerst ganz sprachlos. Als ob das nicht selbstverständlich gewesen wäre. Klar wie die Sonne am wolkenlosen Himmel. Was will ein Hungriger? Natürlich essen. Was will ein Blinder? Natürlich sehen. Was denn sonst? Und als ich dann allmählich diese merkwürdige Frage geschluckt und gleichzeitig die ersten Zweifel bekommen hatte, ob das denn wirklich der Richtige sei, um meine Blindheit zu kurieren, da gab ich dann meine Antwort: ‚Ich will sehen können.' – Und im selben Augenblick, wo ich das sagte, durchfuhr es mich wie ein Blitz. Wusste ich denn wirklich, *was* ich wollte? War es einfach so, dass ich sein wollte wie alle anderen Menschen, mit Augen, die Dinge sehen und unterscheiden können? War das alles gewesen und war dies das Entscheidende? – Aber da sagte Jesus schon zu mir: ‚Werde sehend. Dein Glaube hat dir geholfen.'"

„Was heißt Glaube?", fragte das Kind.

Da lachte der Mann fröhlich, der blind gewesen war, griff in seine Manteltasche und holte ein Stück Brot heraus. Er brach es in zwei Stücke, warf eins davon dem Kind zu und sagte: „Nimm nur und iss! Ich sehe dir an, dass du hungrig bist."

Das Kind nahm das Brot, biss hinein und kaute nachdenklich. Dann sagte es: „Danke, das schmeckt gut. – Was heißt Glaube?"

„Ja, was heißt Glaube", wiederholte der Mann. „Ich denke: Glaube – das ist eine besondere Kraft. Keine Kraft in den Muskeln, sondern eine Kraft mehr in der Seele. Bei so einer Kraft muss man ja immer fragen, woher sie kommt. Keine Kraft ist ganz von alleine da. Die Kraft in den Muskeln kommt her von der Nahrung, die wir aufnehmen. Und die Kraft in der Seele? Die kommt von Gott."

„Dann hätte Jesus es ja auch anders sagen können", meinte das Kind. „Er hätte auch sagen können: Gott hat dir geholfen."

„Wenn du so willst", sagte der Mann, „er hätte es vielleicht auch so sagen können."

Das Kind schob das letzte Stück Brot in seinen Mund und kaute. Nach einer Weile sagte es: „Warum hast du mir das Brot gegeben?"

Der Mann überlegte. Es stimmte: Er konnte sich nicht daran erinnern, jemals einem anderen etwas abgegeben zu haben. Das war ihm bisher nicht aufgefallen, denn er hatte ja selber nichts gehabt und vom Betteln und den Almosen anderer Leute gelebt. Wenn ihm etwas zugeschoben wurde, dann hatte er es immer in seine Manteltaschen gesteckt und darauf geachtet, dass es ihm nicht so oder so verloren ging. Er war immer derart mit sich selber und mit seiner kleinen Sorge beschäftigt gewesen, dass er gar nicht auf den Gedanken gekommen war, er könnte vielleicht auch einmal einem anderen etwas geben.

„Warum hast du mir das Brot gegeben?", fragte das Kind.

„Ich habe es dir schon gesagt", erwiderte der Mann. „Ich gab es dir, weil ich *gesehen* habe, dass du hungrig warst."

„Es gibt nicht viele Menschen, die sehen, wenn ich hungrig bin", sagte das Kind.

„Ja", sagte der Mann, „das habe ich nun begriffen. Als Jesus versprach, ich sollte sehend werden, da habe ich etwas geahnt davon, aber jetzt habe ich es erst richtig verstanden. Zum Sehenkönnen gehört das Augenlicht. Aber doch nicht dieses Augenlicht allein. Es gehört auch ein Licht und eine Kraft der Seele dazu. Nenn es Glaube, wenn du willst. Oder Liebe. Oder Menschlichkeit. An den Worten liegt ja nichts. Aber alles liegt daran, dass es eine Kraft gibt, die du in dir spürst und die dir beim Sehen mit den Augen hilft. Dann siehst du nicht nur Dinge und Gestalten, die an dir vorüberziehen und die du nach kurzer Zeit schon wieder vergessen hast, weil du sie nicht in dich hineinlassen konntest. Sondern dann siehst du *in* den Dingen, was sie bewegt, was Menschen fröhlich oder traurig macht und wonach sie sich sehnen."

„Ich kann *sehen*, dass du jetzt fröhlich bist", sagte das Kind.

„Weil du eben nicht nur mit deinen hellen Augen siehst, sondern mit der Gotteskraft und dem Licht, die in deiner Seele sind", rief der Mann lachend und erhob sich von seinem Platz.

„Gehst du jetzt fort?", fragte das Kind.

„Ja", sagte der Mann. „Ich folge ihm nach. – Als er von hier weiterzog auf seinem Weg nach Jerusalem, da habe ich zuerst nur gesehen, wie viele Menschen um ihn waren. So viel Begleitung! Neugierige, gespannte, entzückte Menschengesichter. Trauben von Menschen! Ich sah die ganze Menge bei ihm und um ihn herum. Aber das sah ich nur mit den Augen, die die Dinge anschauen. Ich war noch nicht so weit, auch mit der Kraft und dem Licht der Seele zu sehen. Und darum möchte ich ihm jetzt folgen. Denn jetzt kann ich ihn noch anders und besser sehen. Ich sehe, wie er mitten in dieser Menge von Menschen – ganz allein ist, ganz allein. Und ich will gehen und sehen, ob ich etwas tun kann, damit er nicht so allein bleibt."

„Schalom", sagte das Kind, „Friede sei mit dir."

Rilke traf eine Bettlerin in Paris. Sie saß und wartete immer am selben Platz. Ab und zu warf ihr jemand eine Münze in den Schoß, eine Münze für Brot. Sie nahm es hin und schaute nicht auf. Rilke ging vorbei und reichte ihr eine Rose. Die Bettlerin blickte ihn an und lächelte. Und wurde über Tage nicht wieder gesehen an ihrem Bettelplatz.

Erntedank

HUTZELBROT UND HIMMELSBROT
Johannes 6, 47-51

„Ich bin das lebendige Brot, das aus dem Himmel herabgekommen ist"
(Johannes 6, 51).

Über dem Schreibtisch meines Vaters (er ist schon lange tot) hing ein Bild, das ihm wichtig war. Eine Lithographie, schwarz-weiß, skizzenhaft einfach und klar. Eine Frau mit langem Rock, die dem Betrachter den Rücken zukehrt, als wollte sie sich abwenden, aus Scham oder aus Zorn oder aus Verzweiflung. An ihrem Arm, an ihrem Rock hängen Kinder, mager und kränklich. Darunter in großen Buchstaben das Wort „BROT!". Brot mit einem dicken Ausrufungszeichen dahinter. Der Schrei nach Brot.

Es gab und es gibt ihn immer noch, diesen Hunger nach Brot, der aus einem leeren Bauch kommt. Auch wenn er nicht mehr so arg unsere Sache ist. Ein paar Häuser, ein paar Straßen weiter kann er schon zu Hause sein, dieser Hunger, der aus dem Bauch kommt.

Meine Mutter mochte das Bild der Käthe Kollwitz nicht sehr über dem Schreibtisch meines Vaters. Sie hatte im Krieg und nach dem Krieg die Mäuler von vier Kindern stopfen müssen, aber zum Stopfen hatte es eigentlich nie gereicht. Sie wusste, was das heißt: Hunger schieben. Das war so eine Redewendung, die üblich wurde damals: Hunger schieben. Man schob ihn sozusagen vor sich her, aber man brachte ihn nicht weg. „Ich verstehe nicht", sagte meine Mutter, „wie man so ein Hungerbild über seinem Schreibtisch immer ansehen kann." Wenn ich mich recht erinnere, pflegte mein Vater nichts zu erwidern darauf. Aber er ließ das Bild an seinem Platz. Vielleicht war das Bild mit dem Wort „Brot!" darunter sein Thema. Eine Art Lebensthema. Das Warten auf Brot. Der Schrei nach Brot. Und vielleicht war es bei ihm ein Schrei, der weniger aus dem Bauch heraus und mehr aus dem Herzen, mehr aus der Seele heraus kam.

Wie Jesus vom Brot redet, das ist ja auch mehrdeutig. Er denkt an das gebackene Brot für den Bauch, ja, und er war nicht der Mann, dies etwa gering zu achten. Das Brot für den Bauch gering schätzen können nur solche, die es im Überfluss haben. Am Ende wissen sie nicht, wohin damit und werfen es zu den Abfällen. Aus wirtschaftlichen Gründen entsorgt und vernichtet, massenhaft Gemüse, Obst, Getreide, wir kennen traurige Nachrichten und Bilder davon. – Nein, Jesus war nicht der Mann, das Brot zu verachten, das man für den Bauch braucht. Aber er war auch nicht der Mann, der gemeint hätte, mit dem Gewinn solchen Brotes sei schon das Leben gewonnen. Eine Zeit zum Überleben, zum *Weiter*leben, ja, aber das Leben selbst?

Der Versucher in der Wüste hatte den hungernden Jesus locken wollen damit. Locken und überlisten. Probier's doch, aus all den Steinen, die herumliegen, Brot zu machen! Sei ein Brotkünstler! Ein Brotkönig! Sei ein Brotgott, so hatte er geschmeichelt und gelockt. Aber Jesus hatte widerstanden. Nicht aus Missachtung des Brotes für den Bauch, sondern im Wissen um dessen begrenzte Kraft. Brot kann Hunger stillen. Aber nach ein paar Stunden ist der Hunger wieder da. Und selbst wenn der Bauch, der satte Bauch, für ein paar Stunden Ruhe gibt, ist nicht das ganze Leben beruhigt. Da kann es weiter rumoren im Kopf und im Herzen, im Gewissen und in der Seele. „Der Mensch lebt nicht vom Brot allein" – das war seine Antwort. Schon vom Brot, aber davon nicht allein. Denn der Mensch ist nun einmal mehr als sein Bauch, und der menschliche Hunger verlangt mehr als das, womit man sich den Mund stopfen kann. –

Das Stuttgarter Hutzelmännlein ist ein freundlicher Kobold in Mörikes Märchen. Es schenkt dem Schusterburschen Seppe, der auf Wanderschaft will, ein Laiblein Hutzelbrot für unterwegs. Ein Brot, mit dem es eine besondere Bewandtnis hat. Denn es wird, richtig gehandhabt, niemals alle. Man schneidet oder bricht sich ein Stück ab, und siehe: Das Fehlende wächst nach über Nacht. Ein Brot des Lebens?

Man könnte es meinen, weil es am Leben hält, und zwar sehr dauerhaft. Es erneuert sich ja immerzu selber. Man muss nicht besorgt sein ums Essen, und der Hunger wird kein Thema mehr. Dauerhaftes Brot. Ist es, dieses märchenhafte Brot, das von Dauer ist, so ähnlich wie das Brot des Lebens, das Jesus meint? Ist Brot für die Dauer dasselbe wie Brot für die Ewigkeit?

Wir werden das verneinen, gewiss. Aber bevor wir die Gründe nennen, sollten wir doch festhalten: Das Motiv vom Brot, das nicht alle wird, entspringt einer tiefen menschlichen Sehnsucht. Vordergründig der Sehnsucht, immer satt sein zu können. Und hintergründig einer noch weiteren Sehnsucht; nämlich der Sehnsucht, ein Mittel gegen das Vergehen in der Hand zu haben. Ein Mittel gegen das Vergehen. Denn alles, was um uns und bei uns ist, ja sogar wir selber, jeder einzelne mit seiner Person steht unter dem Gesetz, vergehen zu müssen. Unser Leben ist ein zeitlich begrenztes Leben, unsere Zeit eine befristete Zeit. Wir sind Gäste auf der Erde, die kommen und wieder gehen. Und diese Wahrheit, die jeder kennt oder zumindest ahnt, diese Wahrheit gebiert in uns eine Sehnsucht nach Dauer, nach Bleiben, nach Mitteln gegen das Vergehen. Das Brot, das nicht alle wird, das sich nicht aufbraucht, ist ein Bild dieser Sehnsucht und eine märchenhafte Antwort darauf. Wir wissen, dass es dieses Brot nicht gibt, so wenig es den freundlichen Kobold gibt, der es uns zuschieben könnte, irgendwann.

Übrigens lässt Mörike die Sache mit dem dauerhaften Hutzelbrot ja auch realistisch und komisch zugleich zu Ende gehen. Denn die wunderbare Selbsterneuerung des Brotes war an eine Bedingung geknüpft: Der Seppe durfte es nie völlig aufessen. Ein Rest musste immer bleiben, sonst war mit dem Brot auch dessen ganzer Zauber verschwunden. Und wie es kommen soll, so kommt es: Der Seppe verliebt sich in Ulm in eine junge Schusterswitwe, die einen geschwätzigen, aber leider auch gefräßigen Papagei besitzt. Und als der Seppe mehr auf die Schusterswitwe Acht hat als auf den Rest seines Hutzelbrots, ist es der Papagei, der mit einem Schnapp den Brotrest greift und wegputzt und der ganzen Zauberherrlichkeit ein Ende setzt.

Das ist nicht ohne tieferen Sinn erzählt vom Dichter. Denn im Grunde kommt ja jetzt wieder in die Reihe, was mit dem Zauberbrot märchenhaft aus der Reihe getanzt war. Das Vergängliche – es vergeht wieder. Auch das gebackene Brot – und sei es bestes schwäbisches Hutzelbrot – wird vergehen, ob es nun aufgegessen oder zu lange aufbewahrt wurde. Das wirklich dauerhafte Brot, das niemals alle wird und nie vergeht, ist kein Mensch zu backen imstande. Das Gesetz des Vergehens gilt auch hier. Selbst das dauerhafteste Brot ist kein ewiges Brot.

Nun könnte man auf den Gedanken kommen, Jesus biete das wirklich dauerhafte Brot zum Leben an. Brot also, das selber nicht vergeht und nicht verdirbt, wie das Manna in der Wüste schon nach einem Tag verdarb. Und das obendrein und in der Hauptsache auch den Menschen nicht vergehen lässt, der dieses Brot zu sich nimmt. Ein Brot von Dauer, das Leben auf Dauer zu schenken vermöchte.

Ist das wohl gemeint, wenn er sagt: „Wer von diesem Brot isst, wird in Ewigkeit leben?" Ist „in Ewigkeit leben" dasselbe wie ewig lang leben? Soll das Brot des ewigen Lebens, von dem Jesus spricht, uns Menschen irgendwie zu Super-Methusalems machen, mit einem Leben ohne Ende, wo's immer weiter geht und weiter und weiter und doch nie ein Ziel am Horizont erscheint? Eine ziemlich schreckliche Vorstellung. Die Last des Älterwerdens und das Elend der Gebrechlichkeit und das ohne Ende, immer länger, immer weiter, das enthält keine Hoffnung, sondern nur Grausen und Entsetzlichkeit. Also dergleichen kann nicht gemeint sein mit dem Brot des Lebens, das taugen soll für die Ewigkeit. Jesus geht es nicht um die äußere Verlängerung unseres Lebens, sondern um seine *innere Verwandlung*. Und das muss jetzt noch ein wenig näher betrachtet werden.

Wir haben vom Bild der Käthe Kollwitz gesprochen, dem Hungerbild von einer Mutter mit ihren Kindern und mit dem Wortschrei „Brot!" darunter. Es gibt den Hunger des Bauches, und es gibt Brot, den Hunger des Bauches zu stillen, jedenfalls vorübergehend. Und wir sind auch bereits daraufgestoßen, dass es einen Hunger des Bauches gibt und einen anderen aus unserem Herzen, aus unserer Seele. Das ist der Hunger nach Leben. Nicht nach dem Überleben oder dem langen Weiterleben, sondern Hunger nach dem richtigen, dem ganzen, dem wahren Leben. Hunger nach Sinn. Nach dem, was uns innerlich erfüllen, eine Heimat sozusagen in uns begründen kann, aus der uns niemand mehr vertreibt. Hunger nach Heimat, ja. Endlich und wirklich ankommen. Endlich eintreten in einen Raum, der nicht aus Wänden und Mauern besteht, sondern aus ganz anderem Stoff: dem Stoff der Liebe und des Vertrauens.

Jesus sagt: Es muss schon *aus* der Ewigkeit kommen, was *für* die Ewigkeit taugen soll. Es muss schon *von* Gott kommen, was *mit* Gott verbinden soll. Darum, sagt er, bin ich, Christus, das wahre Brot des Lebens. Denn ich bin vom Himmel gekommen und ich bringe den Himmel, Gottes Himmel, mitten unter euch. Ich bringe ihn euch nahe. Ich lasse diesen Himmel aufgehen in und über euch wie einen herrlichen Morgen über einem kargen Land. Der Himmel geht über allen auf, und der Himmel Gottes breitet sich in allen aus wie ein Lächeln, das eine Seele füllt. Wie das Brot, sagt Jesus, so bin ich und so komme ich zu euch und in euch. Das Brot, das ihr esst, wird ein Teil von euch. Wenn ich, Christus, zu euch komme, dann werde ich ein Teil von euch. Und zwar ein Teil, der euch verwandelt. Der eure Herzen verwandelt. Der das Dunkle und Trostlose ausscheidet aus euren Herzen und Licht hineingibt, Licht und Leichtigkeit. Solche Leichtigkeit aber muss geschenkt werden. Und zwar von der Macht, die es vermag, alle Lasten von den Schultern und alle Lasten von der Seele wegzunehmen. Gottes Macht also, die in Christus zu uns kam und mitten unter uns auf dieser Erde. Das Brot vom Himmel. – Es gibt das Brot zum Überleben und zum Weiterleben, Brot für den Bauch. Wir brauchen es wahrhaftig, Tag für Tag. Und es gibt das Brot des Lebens, das aus der Ewigkeit kommt und uns mit der Ewigkeit Gottes beschenkt und erfüllt. Brot für die Seele, und das ist die Wirklichkeit des Christus. Dies brauchen wir erst recht, und wir können es uns nicht selbst besorgen und müssen es uns auch gar nicht selbst besorgen, denn es kommt vom Himmel zu uns. Und an uns liegt es nur, für den Himmel aufgeschlossen zu werden, wenn er in unseren Herzen aufgehen und sich ausbreiten will.

Eine letzte Bemerkung und ein letztes Stichwort: Abendmahl. Das Brot des Lebens – im Abendmahl. Der Christus, der sich selbst gibt in der Gestalt des Brotes. Ein Mysterium, ein Geheimnis, von dem wir wissen, ohne es jemals voll und ganz erklären zu können. Nur: Es handelt sich nicht um irgendein Geheimnis. Es ist das Geheimnis des Himmels auf Erden. Brot des Himmels – für uns gegeben, für uns gebrochen. Brot, das in unseren Mund und tiefer in unsere Seele geht. Es gibt Teil an der Kraft Christi. Und genau darum wird es zum Brot des ewigen Lebens.

*Du sollst dir kein Bild machen, sagt das Gebot.
Aber Vorstellungen brauchen wir; ohne Vorstellung kann man nicht glauben. Allerdings gibt's falsche Vorstellungen. Oder solche, die in die Irre führen. Wie gehen wir um mit alten Vorstellungen, die heute fragwürdig geworden sind?*

Himmelfahrt

ERFAHRUNGEN VON ZWISCHENZEIT
Apostelgeschichte 1, 3-11

„Was steht ihr da und blickt zum Himmel auf?"
(Apostelgeschichte 1, 11).

Himmelfahrt – ein etwas schwieriges Fest im kirchlichen Kalender. Man weiß nicht recht, was man sich vorstellen soll. Alte Bilder zeigen, wie Christus in einer Wolke nach oben entschwebt. Bloß die Füße sind noch zu sehen. Sollte es *das* sein? Kaum. Irgendwie bezeichnend, dass man neuerdings den Vatertag draufgesetzt hat auf Himmelfahrt. Einen ziemlichen Unfug auf ein ziemliches Geheimnis.

Wer dem biblischen Bericht folgt, der merkt bald: Erzählt wird gar nicht gleich vom Himmel, überhaupt nicht direkt vom Himmel, sondern von einer Zwischenzeit. Einer besonderen Zwischenzeit, den vierzig Tagen zwischen Ostern und Himmelfahrt.

Ganz offensichtlich geht es erst einmal darum: Der Himmel ist kein bestimmter Ort hoch über uns im Universum, keine kosmische Region, die sich so oder so beschreiben ließe. Daran zeigt die Bibel überhaupt kein Interesse. Gott ist im Himmel, und du, Mensch, bist auf der Erde, daran halte dich! Die zwei Engel in der Geschichte halten es den Jüngern sehr deutlich vor: Was steht ihr da und schaut zum Himmel auf? – Das Gaffen nach oben und das Spekulieren nach oben helfen euch nicht. *Was* hilft, ist Gottes Eingreifen, seine Intervention. Und *wer* hilft, das ist Christus. Davon erzählt diese besondere Geschichte von der Zwischenzeit.

In der Jüngererfahrung handelt sich's um eine eigenartige Zwischenzeit. Jesus ist nicht mehr so unter ihnen wie vor seinem Tod, leibhaftig, zum Greifen nah, unmittelbar in einer Wegegemeinschaft. Aber er ist jetzt auch nicht vollkommen weg. Sie machen weitere Erfahrungen mit ihm. Zwischenzeit-Erfahrungen.

Lassen wir uns ein wenig darauf ein, dann entdecken wir: Nun ja, Ähnliches kennen wir auch. Zwischenzeiten stellen sich ein, wenn das Selbstverständliche aufhört. Das, was immer schon war oder wenigstens schon lange so war. Das Zusammenleben mit einem Menschen etwa. Erinnerungen an die Zeit zuvor sind noch da, jetzt noch lebendiger. Wenn das Glück stirbt, werden die Erinnerungen ans Glück umso lebendiger, das ist wie ein Gesetz der Zwischenzeit. Was gewesen ist, ist *so* nicht mehr gegenwärtig, da ist ein Abbruch passiert, da wurde eine Verbindung gekappt – und nun steht man da und weiß nicht: Wo gehört man hin? Bleibt etwas übrig von dem, was früher war? Und wo soll man hin? Was ist noch zu erwarten?

Lukas erzählt davon, wie die Jünger das erlebt haben. Der leibhaftige Jesus, der irdische, wie sie selber aus Fleisch und Blut: Er *war* der Mittelpunkt ihres Lebens geworden, das Zentrum ihrer Gemeinschaft. Dann wurde er brutal aus ihrer Mitte gerissen. Aber dabei blieb es ja nicht. Es gab die Erfahrung von Ostern: Christus ist auferstanden! Gott hat ihn aus den Schatten des Todes herausgeholt. Um ihn zu sich zu nehmen in den Himmel.

Und nun war er nicht mehr da wie früher, dieser Christus, aber auch nicht einfach weg von der Erde, weg aus ihren Augen, aus ihrer Lebensnähe. Er war auf eine andere, ganz eigene Weise weiter bei ihnen, unter ihnen und über sie hinaus.

Und wir merken: Es gibt solche Zwischenzeit in der *Form des Übergangs*. Übergänge geschehen ja nicht von einem Augenblick auf den anderen. Wenn es sich um Übergänge im Leben, um Übergänge von Bedeutung handelt, dann brauchen sie eine eigene Zeit. Und das ist dann nicht bloß eine schreckliche Zeit, die man sich vom Hals wünschen möchte, sondern es kann eine wichtige – gewiss keine einfache, aber eine wichtige Zeit werden. Eine Zeit der Klärungen. Eine Zeit der inneren Wahrnehmung und Verarbeitung von veränderten Umständen. Es *ist* nicht mehr so, wie es war. Aber es *muss* deshalb nicht trostlos und hoffnungslos werden. Das ist die Lernaufgabe einer Zwischenzeit. Und das hatten auch die Jünger zu lernen.

Haben sie's denn gelernt? Ich denke, sie haben es gelernt mit Jesu Hilfe, Lukas erzählt davon.

Zuerst: Die Jünger neigten zur Flucht. Das war nicht erstaunlich nach dem Schock des Karfreitag. Nichts wie weg und jeder auf eigene Faust, dieses Gebot der Panik hatte auch sie ergriffen. Aber jetzt gibt Jesus ihnen zu verstehen, dass sie von Jerusalem nicht weichen sollen. Nicht weichen – das ist das Gegenteil von „die Flucht ergreifen". Flucht ist ziellos, es ist ein Davonlaufen, ohne zu wissen, wohin. Und wohl gemerkt: So eine Flucht geschieht nicht immer mit den Füßen. Sie kann sich auch innerlich vollziehen, als inneres Weglaufen von den Haltepunkten des Lebens, den Haftpunkten und den Quellorten des Glaubens.

Also, nicht weichen, nicht davonlaufen, sondern bleiben, sagt Christus. Bleiben in Jerusalem und dranbleiben an dem, was Gott mit Jerusalem und was Jerusalem mit Gott verbindet: eine Geschichte der Segnungen. Bleiben, das bedeutet: Jetzt nicht alles vergessen; jetzt nicht alles klein ängstigen, wenn die Erfahrung des Verlustes sich so groß darstellt. Bleiben heißt, in guter Erinnerung behalten, was gut und wichtig war – und nach vorn, in die Zukunft gewendet: warten können. Gott im Himmel noch etwas zutrauen, auch in der Stunde der Irritationen auf dieser Erde.

Und dann: Die Jünger scheinen verstanden zu haben. Jedenfalls geben sie zu verstehen, dass sie noch etwas erwarten. Sie fragen: „Herr, stellst du in dieser Zeit für Israel das Reich wieder her?" – Das ist eine Frage der Hoffnung, aber mit einem kräftigen Unterton. Die Jünger fragen – und sie wollen *Sicherheit*. Das Reich Gottes, ja, aber wann kommt es, jetzt bald, endlich bald? Bringst du, Christus, es jetzt zustande, das Himmelreich, von dem du geredet hast in deinen Gleichnissen?

Wo die Not groß ist und der Verlust von alten, bisher vertrauten Lebensumständen an die Substanz geht, da wächst so ein Verlangen nach Sicherheit. Verunsicherung ist nicht lange auszuhalten. Sie wünscht sich neue Sicherheiten herbei, das ist menschlich. Aber eben weil es so menschlich ist, hilft es auch nicht weiter. Das gibt Jesus den Jüngern zu verstehen, indem er Zeit und Stunde für das Kommen des Gottesreiches, seines Himmelreiches zu nennen schlicht verweigert. Ein Datum – würde euch nicht helfen! Es würde euch nur eine Sicherheit vorspiegeln, die keine ist.

Aber ihr sollt bekommen, sagt Jesus, was wirklich hilft. Und ihr sollt es von Gott bekommen, also aus dem Himmel. Kraft sollt ihr nämlich empfangen, Dynamis, wirkliche und wirksame Kraft, Kraft zum Leben, Kraft für die Seele, das ist Mut. Kraft für euer ganzes Dasein, das ist Vertrauen. Ja, ihr werdet Kraft empfangen, wenn der Heilige Geist über euch kommt. Und der Heilige Geist kommt immer vom Himmel auf die Erde.

Die Zwischenzeit ist Zeit, das zu verstehen, es innerlich reifen und wahr werden zu lassen. Der Abbruch dessen, was gewesen ist und woran man mit Leib und Seele gehangen hat; dieser Abbruch führt nicht in einen Abgrund hinein. Es gibt einen Übergang, den Gott schafft. Es gibt in der Zwischenzeit die Chance zur inneren Neueinstellung, die mit Gott rechnet und mit der Gegenwart Christi, einer anderen, aber nicht weniger kräftigen Art seiner Gegenwart; der Gegenwart nämlich im Geist, in der lebensvollen Kraft des Heiligen Geistes.

Und dann endet, wie Lukas es erzählt, diese besondere Zwischenzeit mit der sogenannten Himmelfahrt Jesu. Das meint kein Spektakel, sondern eine Erleuchtung. Eine verstehende Erleuchtung der Jünger. Sie haben und sie behalten Jesus nicht mehr wie in dessen Erdentagen. Das ist vorbei. Es hat sie schier aus der Fassung gebracht, dass dies vorbei sei, aber es hat sie und ihre Beziehung zu Jesus auch verändert. In der Zwischenzeit hat er ihnen geholfen, sich zu verändern. Und nun können sie zu Menschen werden, die Abschied nehmen, einen immer noch schwierigen Abschied von Jesus, so wie sie ihn kannten, aber ohne deshalb in Traurigkeit zu versinken. Denn sie haben gelernt: Es gibt die Abschiede ohne Wiederkehr. *Und* es gibt Abschiede mit einer neuen und bleibenden Art von Wiederkehr. Jesus entzieht sich, er verschwindet buchstäblich vor ihren Augen. Aber auf eine andere Weise bleibt er bei ihnen gegenwärtig, nämlich in der Kraft des Heiligen Geistes. Himmelfahrt bedeutet ja nicht: Jetzt ist er weg, ganz weit weg, himmelhoch über die Erde hinweg, unendlich entfernt von unserem Leben. Sondern Himmelfahrt bedeutet: Jetzt ist er in der Gegenwart Gottes, vollends in der Nähe und vollends in der Kraft Gottes. Denn der Himmel ist überall da, wo Gott gegenwärtig und wo er wirksam ist, wo die Kraft seines Geistes unter uns und in uns lebendig wird und wo wir so zu Zeugen seiner Barmherzigkeit werden. Der Himmel ist überall, wo Gott in unser Leben kommt und wo Christus seine Kraft des Geistes schickt. Denn genau davon leben wir.

3 GEIST UND KIRCHE

Vom Skandalon redet Paulus. Vom Skandal des Kreuzes, das Juden ärgerlich und Griechen lächerlich finden. Wie kommen Christen zurecht damit, dass sie sich anscheinend der Lächerlichkeit aussetzen? Wie verkraften sie ihre Schwäche? Wie gehen sie um mit sinkenden Zahlen, angekratztem Image, geringem Erfolg?

Sonntage nach Trinitatis

EINE SCHWIERIGE WAHL
1. Korinther 1, 26-29

„Was vor der Welt töricht ist, das hat Gott erwählt, und was vor der Welt schwach ist, das hat Gott erwählt"
(1. Korinther 1, 27).

Man ahnt, wie die Gemeinde in Korinth dran ist, und man erfährt, dass Paulus sich keine Illusionen macht über ihre Verfassung: „nicht viele Weise nach dem Fleisch, nicht viele Mächtige..."

Die Textstelle hat mich angeregt zu einer kleinen Erzählung. Einer etwas verrückten Erzählung vielleicht, Lächeln ist erlaubt, Lachen auch, also:

Es war einmal (so fängt ja Märchenhaftes immer an) eine Landeskirche in Süddeutschland, die brauchte einen neuen Bischof. Aber sie konnte keinen finden. Gewiss, sie fand diesen und jenen, aber darunter war niemand, der allen Ansprüchen genügt hätte. Ein Prälat machte daraufhin den Vorschlag, eine Pilgerfahrt zur Gießerei von Wasseralfingen zu machen, um sich dort einen Bischof nach Maß gießen zu lassen. Er fand kein Gehör.

Als die zuständigen Gremien monatelang beraten und alle Möglichkeiten durchgespielt hatten, machte sich heftige Niedergeschlagenheit breit. Eine Kirche ohne Bischof ist wie ein Fußballspiel ohne Schiedsrichter, sagte ein Synodaler; man stelle sich die Folgen vor!

Wie häufig im Leben, so wurde auch hier der Tiefpunkt der Krise zum Wendepunkt für eine Lösung. Aus einer Ecke der Versammlung, die ins Schweigen der Ratlosigkeit gefallen war, wurden Laute vernehmbar. Es waren recht leise Laute, aber sie formten sich zu einem kurzen Satz: Ich meine – was haltet ihr – von Paulus?

Es dauerte eine Weile. Der kleine Satz schwebte durch den Raum, stieß mit dem Kopf an die Fensterscheiben, die eine trübe Aussicht auf die winterliche Stadt gewährten, drehte Kurven und Spiralen über den grimmig versonnenen Häuptern, tanzte auf der Platte des schweren Mahagoni-Tisches zwischen Saftfläschchen und Butterbrezeln, bis er endlich den Weg in die Ohren, in den Verstand und in die Herzen der Versammelten fand.

Paulus, bemerkte jemand und er zog und dehnte den Namen wie ein Pennäler seinen Kaugummi; „Pauuulus" wäre vielleicht eine Möglichkeit.

Sofern er, warf eine eifrige Dame ein, inzwischen bereit und in der Lage wäre, seine Ansichten über Frauen in der Gemeinde und über die Frau im Allgemeinen gründlich zu überdenken. –

Einigen Beteiligten war anzumerken, dass sie erneut auf dem Weg ins dumpfe Schweigen der Ratlosigkeit waren.

Aber dies (wir wollen es kurz machen) war nicht die vorherrschende Stimmung. Es zeigte sich, dass das Gremium, allen bisherigen ergebnislosen Versuchen zum Trotz, offenbar doch imstande war, einen gemeinsamen Kandidaten für die Bischofswahl zu benennen. Paulus, so fasste der Vorsitzende zusammen; Paulus ist in der Tat eine ernst zu nehmende Möglichkeit.

Die Dinge nahmen ihren Lauf, und wenn es auch ganz und gar märchenhaft klingen mag: Die Entscheidung für einen gemeinsamen

Kandidaten mit Namen Paulus kam wirklich zustande. Es waren keine Wege und keine Mühen gescheut worden, diesen letzten Hoffnungsträger für die Bischofswahl zu gewinnen und ihn zu einem Gespräch in der Wahlkommission zu bitten.

Und da saß er nun, hager und ernst, wie man ihn von Bildern kennt, mit einem Blick, der aufmerksam beobachtet und zugleich ungehindert ins Unendliche zu gehen scheint. Er hörte, wie gerade jemand darzustellen versuchte, dass die Landeskirche keine ganz einfache Landeskirche sei, und zwar wegen der verschiedenen Gruppen und Richtungen, die es da gebe, alles ehrenwerte und fromme Menschen natürlich, aber die Meinungsverschiedenheiten verursachten doch immer wieder Bauchweh und – Scherben.

Ich verstehe, sagte Paulus, so ähnlich wie in Korinth. –

Ja, in Korinth gab es auch verschiedene Gruppen und Parteien in der Gemeinde, die es nicht ganz leicht miteinander hatten, aber du, Paulus, hast mit großem Geschick die Harmonie wiederhergestellt, sagte ein anderer.

Paulus winkte ab: Sie haben sich bekriegt wie die Wilden, und ich war mehr als einmal nahe daran, die Nerven zu verlieren, sagte er.

Schweigen in der Runde.

Ja aber, räusperte sich ein Dritter, weißt du, ich bin Mitglied im Finanzausschuss der Synode und ich denke, du hast damals so wirksame Maßnahmen mit der Kollekte erfunden, die alle Gemeinden entrichten sollten, das war bahnbrechend damals für die finanzielle Ausstattung der Kirche und – siehst du – *uns* gehen hier inzwischen Millionen verloren.

Paulus machte große Augen und richtete sich auf: Euch geht *was* verloren?, fragte er.

Millionen, hauchte der Redner, als sei er von einem strengen Lehrer bei einer Unart ertappt worden.

Millionen, wiederholte Paulus nachdenklich. Das müssen Zahlen sein. Wir haben damals in unseren Gemeinden nur in Zehnern, höchstens in Hundertern gerechnet. Na, was sage ich: Eine Gemeinde mit beinahe hundert Leuten, das war schon eine große Sache, zum Beispiel in Korinth.

Ich meine mit den Millionen aber nicht Menschen, sondern Gelder, setzte der Redner hinzu. Der Etat unserer Landeskirche für das laufende Jahr beträgt etwas mehr als eine halbe Milliarde.

Paulus hatte sich ruckartig nach vorn gebeugt wie jemand, der ungenau hört und Missverständnisse befürchtet. – Milliarde?, fragte er unsicher.

Gewiss, erwiderte der Redner und schaute ein wenig verlegen in die Runde; aber es wird ständig weniger.

Eine Milliarde sind tausend Millionen, flüsterte der Tischnachbar dem Paulus zu, weil er dessen Gesichtsausdruck einen kleinen Nachholbedarf in Mathematik entnehmen zu müssen meinte.

Die Pause, die eingetreten war, hatte etwas Ungemütliches. Endlich setzte sich Paulus auf seinem Stuhl zurecht, zauberte plötzlich ein Lächeln hervor und sagte: Sonst, liebe Schwestern und Brüder, habt ihr keine Sorgen?

Es war wie ein Bann, der sich löste. Man rührte sich, stieß den Nachbarn mit dem Ellbogen aufmunternd an, sonderte da und dort einzelne Partikel von Heiterkeit ab.

Da ist noch die Sache mit dem Image, sagte einer; verstehst du, Paulus, das Image unserer Kirche hat ein bisschen gelitten in letzter Zeit, wir Verantwortlichen sorgen uns darum. Viele sagen (und nicht nur viele außerhalb unserer Gemeinden, sondern auch solche, die noch dazu gehören), sie sagen: Gott ja – Kirche naja!

Paulus wirkte nachdenklich. Das beschäftigt mich, sagte er: Gott ja – Kirche naja.

In einigen Gesichtern der Runde malte sich blankes Entsetzen. Das wirst du doch am Ende nicht noch gut finden, stöhnte einer. Ein anderer lehnte sich weit in seinem Sessel zurück und raunte seinem Nachbarn zu: Ich fürchte, wir müssen wieder nach einem neuen Kandidaten Ausschau halten.

Paulus überlegte währenddessen laut vor sich hin: Gott – ja, immerhin lässt sich das hören, es ist das Entscheidende. Die Kirche – ich würde natürlich nicht so weit gehen und sagen: Kirche – naja, aber man sollte wirklich nicht die Reihenfolge verwechseln. Nicht erst die

Kirche und dann irgendwann, irgendwo, im Zusammenhang dieser Kirche auch Gott, sondern sehr entschieden umgekehrt: erst Gott und dann noch einmal Gott – und dann eben auch die Kirche.

Ja, gewiss, gewiss, nörgelte einer der anwesenden Theologen, der sich unbehaglich fühlte, weil er diese Dinge natürlich alle schon im Studium gelernt hatte. Gewiss, meinte er, aber wir müssen doch auch praktisch denken. Wir können die Augen nicht verschließen vor den Entwicklungen. Die Mittel werden knapper. Die Leute pflegen lieber ihre Privatreligion als ihre Verbundenheit mit der Kirche. Der Jugend ist die Kirche zunehmend schnuppe, die Presse macht sich lustig auf unsere Kosten, die Pfarrer zappeln sich ab und haben das Gefühl, auf Sand zu bauen, es versickert und verdunstet eine Menge, und der Rest geht den Bach hinunter.

Beifälliges Nicken, sorgenvolle Mienen, erwartungshungrige Blicke auf den großen Paulus.

Der knetete seine Finger und sah vor sich hin. Ich denke an Korinth, sagte er. Warum eigentlich immer und immer wieder an Korinth? Keine Gemeinde sonst in Kleinasien oder Griechenland hat mir so heftig zugesetzt, hat mir derart zu schaffen gemacht wie Korinth. Vielleicht ist es wie mit Kindern: Mit den schwierigsten wächst man am meisten zusammen.

Die Kirche Jesu Christi in Korinth also. Ihr *Image*? – Paulus lachte und wischte sich mit dem Handrücken über die Augen. – Ich war mit einem Rhetor bekannt, einem feinen Menschen, Kallisthenes hieß er oder so ähnlich, der unterrichtete die Jugend der besseren Gesellschaft von Korinth in Philosophie und in der Kunst, Reden zu halten. Über Gott und die Welt konnte ich sprechen mit ihm, über die Lehre von der unsterblichen Seele bei Plato und über die Ethik der Stoiker, wirklich über alles – bloß nicht über die Kirche Jesu Christi zu Korinth. Da schüttelte er bloß seinen Kopf und lachte und gab mir zu verstehen, dass er mich an dieser Stelle für partiell verblödet halte, weil ich mich mit so einer Bagage abgebe. Ein zusammengekehrter Dreckhaufen aus Hafenarbeitern, Flittchen, Bettelvolk und Halbidioten sei das, pflegte er zu sagen. Kaum einer, der lesen und schreiben oder gar den Hermes des Praxiteles von der Galionsfigur an einem phönizischen Handelsschiff unterscheiden könnte. Keine Kultur, kein Geld, keine Tradition, keinerlei Bedeutung – das ist deine Kirche Jesu Christi in Korinth, spottete er.

Paulus seufzte: Im Grunde genommen musste ich diesem gescheiten Kallisthenes sogar recht geben, sagte er. Die Kirche Jesu Christi in Korinth: Da waren nicht viele weise und gebildete Leute. Da hatte niemand ein Ehrenamt in der schönen, stolzen Stadt Korinth. Da waren die Kaufhäuser, die Banken, die Tempel, und hoch über der Stadt auf dem Felsen Akrokorinth thronte das Heiligtum der Aphrodite, als könnte es nicht anders sein. Die Anbetung des Schönen war das Bekenntnis der Stadt und Aphrodite die Göttin, zu der alle aufschauten.

Die Christen in Korinth; wir wenigen in der Gemeinde Jesu Christi, wir waren nicht groß, eher klein und hässlich. Wir hatten keine – wie war das eben: keine – Millionen oder Milliarden. Wir hatten die Kasse, die eine Kneipenwirtin aus dem Hafenviertel führte und die niemals ganz leer war, merkwürdigerweise. Wir hatten Leute dabei, die aus Nordafrika und aus Ägypten dahergekommen und in Korinth angeschwemmt waren wie Treibgut. Die gehörten zu uns und wir zu ihnen. Nicht viele Weise, nicht viele Mächtige, nichts Imponierendes. So war das Image. Miserabler konnte es eigentlich nicht sein.

Paulus schwieg. Mit ihm schwieg die Runde, es sah verdächtig danach aus, dass sie in eine neue Ratlosigkeit hineingefallen war. Es dauerte darum beträchtlich, bis einer sich ein Herz nahm und fragte: Und, verehrter Paulus, was möchtest du uns damit sagen?

Ja, was möchte ich damit sagen?, wiederholte Paulus nachdenklich. – Ich erinnere mich einfach. Und mir fällt auf dabei, wie wir damals gelebt haben als Christen mit diesem haarsträubenden Image. Es hat uns nicht beglückt, aber es hat uns auch nicht um den Verstand gebracht. Wir haben nicht einmal Gedanken darüber angestellt, ob und wie das elende Image der Kirche Jesu Christi zu Korinth verschönert und aufge..., aufge... – wie sagt ihr heute?

Aufgemotzt, soufflierte ein Zuhörer.

Richtig, bestätigte Paulus, wie also das Image der Kirche aufgemotzt werden könnte. Es hat uns überhaupt nicht beschäftigt. Das hat etwas mit dieser Reihenfolge zu tun: Gott – die Kirche. Man kann sich so gewaltig um das Image der Kirche kümmern, dass Gott empfindlich ins Hintertreffen gerät dabei.

Ich meine also, ergänzte Paulus nach einer Atempause des Nachdenkens; ich meine, wir täten gut daran, von der Kirche Jesu Christi in Korinth zu lernen. Von den Menschen dort, die etwas von Gott begriffen hatten, weil sie von ihm ergriffen waren. Sie haben sich nicht verkrochen mit ihrem Glauben, aber sie haben auch nicht geprahlt damit. Sie haben geantwortet, wenn sie gefragt wurden. Sie sind gekommen, wo sie geholt wurden. Sie haben Gesichter herumgetragen, die geradezu einluden zu einer Begegnung. Das alles und mehr als das kam ihnen zu von Gott. Was brauchen wir mehr? Und was sollte die Kirche von damals oder heute mehr brauchen als dies?

Paulus stand auf, verneigte sich freundlich und verabschiedete sich. Die Damen und Herren hatten sich erhoben. Sie wollen uns wieder verlassen?, fragte der Vorsitzende.

Nicht in jeder Hinsicht, erwiderte Paulus lächelnd. Ich lasse Ihnen meine Erfahrungen zurück. Sie kennen meine Gedanken. Sie kennen meine Briefe. Bleiben Sie bei der Reihenfolge: Es geht um Gott und um Christus, nicht um die Kirche und ihr Image. Und vertrauen Sie darauf: Einen Bischof (übrigens: es könnte auch eine Frau sein!), einen Bischof werden Sie finden.

Gibt es mehr Vergeltung als Versöhnung unter den Menschen? Verfeindete Brüder – eine mythische Konstellation! Warum fallen sie leichter – die Schritte voneinander weg als die Schritte aufeinander zu? – „Versöhnte Verschiedenheit" heißt es in der Ökumene der Kirchen. Ein schönes Programm – mit bescheidenen Aussichten.

Sonntage nach Trinitatis

VERSÖHNUNG IST SCHWERARBEIT

1.Mose 50, 15-21

„Ihr zwar gedachtet mir Böses zu tun, aber Gott hat es zum Guten gewendet"
(1.Mose 50, 20).

Josephs Brüder haben sich in Ägypten versammelt, wo Joseph es längst zu hohem Stand und Ehren gebracht hat, als Wirtschaftsminister des Pharao. Sie sitzen beieinander und ratschlagen, diese Juda und Simeon und Ruben sowie die andern alle, die sich gar nicht wohl fühlen in ihrer Haut. Sie rechnen mit dem Schlimmsten. Einmal sollen sie noch vor Joseph hintreten, diesen Mächtiggewordenen in Ägypten, der nur mit den Fingern zu schnippen braucht, um sie zu verderben. Grund dazu hätte er, finden die Brüder, schließlich hatten sie ihn – Jahre ist's her, aber was lange her ist, ist nicht einfach vorbei – sie hatten ihn los sein wollen, den Träumer und Aufschneider, der ihnen auf die Nerven fiel mit seinen Phantasien und mit seinem Gebaren. Einen Rock mit Ärmeln hatte er stolz spazieren getragen übers

Feld, einen Festtagsrock von des Vaters Jakob Gnaden, und er prahlte damit und tat schön vor ihnen, die in Arbeitskitteln herumliefen bei der Versorgung des Viehs und für die Ernte. Und dann seine Träume! Der eitle Geck hatte ihnen Traumgeschichten aufgetischt, da war er selber wie ein Glanz in der Mitte, und sie alle, die Brüder, sogar die Eltern, beugten ihre Knie vor ihm und buckelten und bettelten um seine Gewogenheit. Irgendwann hatten sie's nicht mehr ausgehalten, die Simeon und Juda und Asser und wie sie alle hießen, und bei günstiger Gelegenheit schafften sie sich den Geck vom Hals, ein für allemal, wie sie dachten. Er wurde weit in der Steppe in eine Zisterne geworfen, weggeschafft, entsorgt wie ein lästiges Ding, der Vater Jakob wurde ein bisschen getäuscht und belogen, eine ärgerliche Geschichte war aus der Welt.

Dachten die Brüder.

„Der Mensch denkt, und Gott lenkt", sagt das Sprichwort, und es ist wie eine Weisheit aus dieser biblischen Josephsgeschichte, denn da heißt es am Ende: „Ihr zwar gedachtet mir Böses zu tun, aber Gott hat es zum Guten gewendet" (50,20). So war das also in dieser Geschichte, aber nicht in dieser allein: Der Mensch denkt, und Gott lenkt.

Josephs Brüder dachten auch, und sie dachten, es sei nun vorbei mit dem Bruder, der ihnen eine Nervensäge war, und sie könnten ihn vergessen.

Aber mit dem Vergessen-Wollen ist das so eine Sache. Es kann zugehen dabei wie mit einem luftgefüllten Ball, den man unter Wasser drückt. Mit etwas Mühe kriegt man ihn schon hinunter. Und wenn man's geschickt anstellt und sich anstrengt, bleibt er auch eine Weile unten. Aber ein luftgefüllter Ball will immer wieder hoch und an die Oberfläche und irgendwann entwischt er der Kontrolle und springt mit einem Satz aus dem Wasser, und alle Zuschauer sagen: Ach, sieh mal an, der Ball ist ja gar nicht weg, er ist plötzlich wieder da. So verhält sich das bei Dingen und Geschichten, die wir unbedingt vergessen möchten, weil sie uns stören oder weil sie uns an Ungutes erinnern oder weil sie, erst einmal an die Oberfläche und ans Licht der Öffentlichkeit geraten, uns schuldig sprechen. Wir drücken sie weg und halten sie gewaltsam unter der Oberfläche, aber unverhofft tauchen sie doch wieder auf.

Den Joseph hatten seine Brüder verschwinden lassen, und damit sollte auch ihre Erinnerung an ihn verschwinden aus ihrem Leben. So dachten es sich die Brüder.

Und Gott, so weiß die Geschichte zu erzählen, Gott dachte sich ganz Anderes, und das ergibt nun weite und windungsreiche Wege, und es ist alles doch nicht nur ein Spiel, sondern es steckt eine Absicht dahinter mit einem klaren Ziel. Und das nennt Joseph selber am Ende, nämlich, „dass Gott tun wollte, was jetzt am Tage ist: ein großes Volk am Leben zu erhalten" (50,20).

Dabei kann es vorkommen, dass Gottes Ziele mit ganz kleinen Schritten anfangen. Gottes Ziel, das Volk Israel groß zu machen und es zu retten und sein Leben zu bewahren: Es fängt an damit, dass der in eine Zisterne geworfene Joseph nicht allein gelassen verschmachtet, sondern entdeckt wird. Eine Karawane kommt vorbei, man zieht den armen Teufel aus seiner Gruft, schleppt ihn mit nach Ägypten, verkauft ihn als Sklave. „Und Gott war mit Joseph", bemerkt die biblische Geschichte immer wieder, Gott-mit-Ihm, das verschaffte ihm Lebenschancen, allmählich auch Aufstiegschancen, bis weit hinauf am Hof des Pharao. Der gemachte Mann. Eine Traumkarriere. Aber, auffällig, Joseph hat sich mit der Zeit gewandelt. Er ist nicht mehr der stolze Geck (wozu er inzwischen reichlich Anlass hätte); er ist klug geworden, weitsichtig, erkennbar ohne Allüren. Er scheint gelernt zu haben, dass er seine Leistungen, seine Karriere nicht in erster Linie sich selber verdankt. Ein Beschenkter war er im Grunde immer. Mit der besonderen Liebe des Vaters Jakob beschenkt, mit dem schönen Rock, mit Wohlwollen von Gönnern und Förderern, mit der Weisheit, Entwicklungen vorauszusehen, und mit der Entschlossenheit, richtige Entscheidungen zu treffen, auch wenn sie unerwartet waren und seltsam erschienen. Beschenkt war er immer, man kann auch sagen: Gesegnet war er, und damit ist zugleich gesagt, woher ihm das alles kam, und er wusste es. Joseph, ein Gesegneter Gottes.

Und dann kommt die große Hungersnot. Dürre Jahr um Jahr und Mangel an Nahrung, das ereignet sich heute noch in Afrika und anderswo, und es ist heute grauenhaft wie's damals grauenhaft war, weil das Vieh verendet und die Menschen sterben, Kinder, Frauen, Greise.

Aber Joseph hat getan, was in seiner Macht stand. Er hat vorgesorgt und Kornspeicher anlegen lassen, und dann eines Tages tauchen sie bei ihm auf, die Brüder aus dem Nachbarland, sie hungern, sie bitten ihn, Joseph, ihnen mit Korn zu helfen. Und sie erkennen nicht, wer das ist, vor dem sie auf den Knien liegen.

Es ist, als hätte ihr Wunsch von damals, diesen Bruder Joseph ein für allemal zu vergessen, nun die Wirkung, dass sie wie mit Blindheit geschlagen sind. Sie sehen ihn, doch sie erkennen ihn nicht. Umgekehrt aber erkennt Joseph seine Brüder auf der Stelle.

Und – was jetzt? Geht er auf seine Brüder zu? Klärt er sie auf über seine Person, seine Geschichte; fällt er ihnen um den Hals, weil er die Brüder endlich in seiner Nähe hat? – Nein, ganz und gar nicht.

Es wird jetzt ein eigentümliches Spiel erzählt, ein Versteckspiel, eines von Prüfen und Hinhalten, und immer ist Joseph der, der Bescheid weiß und der die Fäden zieht, und die Brüder sind die, die im Dunkeln tappen. Sie hängen an Joseph wie die Marionetten an den Drähten eines Puppenspielers. Sie, die ihn los sein wollten, kommen jetzt nicht los von ihm. Sie hatten den jungen Joseph mit List und Gewalt in ihre Hand gebracht, jetzt befanden sie sich in seiner Hand. Sie hatten ihn dem Tod durch Verhungern in der Zisterne ausgeliefert, jetzt – ja, lieferte er jetzt auch sie einem Tod durch Verhungern aus?

Joseph tat es nicht. Er ließ sie leben. Er ließ sie auch den alten Vater Jakob nach Ägypten holen, und erst nach einiger Zeit offenbarte er sich ihnen und sagte, dass er Joseph sei, der verschollene Bruder. Das geschieht ganze fünf Kapitel vor dem Ende der Geschichte. Offenbar braucht es dann immer noch sehr viel Zeit für die Möglichkeit zu vergeben; viel Zeit für eine wirkliche Versöhnung.

Inzwischen weilt der alte Jakob bei seinem Sohn in Ägypten. Und inzwischen stirbt Jakob und wird in feierlichem Zug in seine Heimat zurückgeführt und beigesetzt in Abrahams Grabhöhle Machpela, Mamre gegenüber. Und die ganze Trauergesellschaft kehrt wieder um nach Ägypten, Joseph mit seinem Tross, die Brüder für sich, und nun ist kein Vater Jakob mehr da, der beschwichtigend wirken könnte zwischen ihnen; keine Vater-Autorität, in deren Gegenwart ein Joseph, auch ein so überaus mächtiger Joseph zuerst einmal Sohn war, gehorsamer Sohn, der sich hütete, gegen den väterlichen Willen zu handeln. Jetzt war das alles vorbei. Die Brüder rückten zusammen, teilten ihre Angst und ergingen sich in ihren Ungewissheiten. Würde Joseph jetzt seine freundliche Maske fallen lassen und ein zornglühendes Gesicht zeigen darunter? Und würde er mit den Fingern schnippen, um sie zu verderben?

Die Geschichte um Joseph und seine Brüder zögert und verlangsamt an dieser Stelle. Sie macht deutlich damit, dass die Sache einer wirklichen Versöhnung eine schwere Sache ist. Sie erledigt sich nicht im Geschwindschritt. Sie ist nicht die Sache eines schnellen guten Willens, ein bisschen Schulterklopfen, ein bisschen Augenzwinkern, ein paar entschuldigende Worte, dann wär's getan. Nein, es ist ganz anders. Wirklich vergeben, das ist Schwerarbeit. Und sich versöhnen nach viel Schuld und einer langen Geschichte der Entfremdung, das gelingt nicht in einem Augenblick. Das kann eine Lebensaufgabe sein. Wir machen die Sache mit der Versöhnung oft so billig, weil wir tun, als könnte das im Handumdrehen ablaufen, bei etwas gutem Willen. Nein, lange Zeit braucht das, viel Geduld und Aufmerksamkeit, viel Mühe und auch Schmerz. Die Arbeit der Versöhnung ist Schwerarbeit. Und wäre sie denn – diese Arbeit der Versöhnung – wäre sie denn auf ihre Weise bei Jesus nicht auch eine Lebensaufgabe geworden, sogar eine, die den Tod mit einschloss?

Also, rasch und wie nebenbei geht das nicht vonstatten. Und Josephs Brüder haben es begriffen. Joseph selber weiß es ohnehin. Denn im Vorgang des Versöhnens müssen sich Wandlungen vollziehen. Die Menschen müssen sich wandeln, die da beteiligt sind, und zwar auf beiden Seiten. Joseph muss sich wandeln, und die Brüder müssen sich wandeln. Joseph darf nicht einfach der Starke bleiben, der auf alle Fälle im Recht ist. Die Brüder dürfen nicht die Ängstlichen bleiben, die in ihrem Schuldbewusstsein dem Joseph jede Art von Vergeltung zutrauen.

Und so lässt der Erzähler die Brüder am Ende, nach Jakobs Tod, noch einmal vor Joseph hintreten und ihn um Vergebung bitten. Der alte Vater habe es ihnen aufgetragen vor seinem Tod, erklären sie. Außerdem, so argumentieren sie weiter, dienten sie alle doch dem gleichen Gott. Wirst du schon vor deinen Brüdern im Fleische nicht zurückschrecken, heißt das, so respektiere wenigstens die Brüder im Glauben. Und Joseph weinte, sagt die Erzählung. Und die Brüder setzen noch eins oben darauf und fallen vor ihm nieder und sagen: „Nimm uns hin, als deine Knechte!"

Damit ist die Dramaturgie dieser langen Geschichte von Schuld und Vergebung, von Entzweiung und Versöhnung auf dem Höhepunkt. Und an diesem Höhepunkt wird deutlich, woher die Kraft zur Vergebung kommt und wie das Siegel der Versöhnung beschaffen ist. Denn es liegt nicht an den Demutsbezeugungen der Brüder. Es liegt auch nicht an der großmütigen Haltung des Joseph. Es liegt in der Wurzel an Gott. „Bin ich etwa an Gottes Statt?", erklärt Joseph deshalb den Brüdern. Um dann fortzufahren: „Ihr zwar gedachtet mir Böses zu tun, aber Gott hat es zum Guten gewendet."

Was Gott nicht zum Guten wendet, das kann wohl nicht gut werden. Schuld kann vergeben werden, wenn Gott es dahin wendet, ja. Menschen mit bösen Absichten, mit unheilvollen Taten können sich verändern, wenn Gott es dahin wendet. Man muss sich bloß einlassen darauf, wie Joseph auf seine Weise, die Brüder auf ihre Weise. Das braucht Zeit, viel Mühe, schmerzhafte Vorgänge mit sich selbst und mit den anderen, aber es hat auch Hoffnung bei sich. Und Joseph kann am Ende seinen Brüdern das lösende, in ihrem Fall erlösende Wort sagen:

„Fürchtet euch nicht!"

Im Himmel werde Johann Sebastian Bach geehrt, meinte Karl Barth.
Er selbst aber werde sich gern zu den Engeln halten,
die lieber Mozart musizieren. Luther schrieb der heiligen Musica
eine Bedeutung zu, die der Verkündigung ähnlich sei.

Kantate

ZAUBER DER MUSIK
1. Samuel 16, 14-23

„Wenn nun der böse Geist über Saul kam, nahm David die Laute und spielte"
(1.Samuel 16, 23).

Die Musik, das ist offensichtlich, hat im Zusammenhang dieser Geschichte einen besonderen Stellenwert. Ihr wird eine eigentümliche Kraft zugeschrieben. Davids Spiel auf der Harfe wird für den arg mitgenommenen Saul zu einer wirksamen Medizin – und mehr als das. Aber, der Reihe nach.

Die Geschichte stellt uns einen Menschen vor, einen König sogar, der tief in die Krise gerät. Das ist mehr als ein Karriereknick. Saul, ein einfacher Mann aus dem Volk, hatte den Aufstieg geschafft zum König über Israel, dem ersten, den es dort überhaupt gab, und das war eine gewaltige Karriere. Eine Weile ging das gut. Militärische Erfolge befestigten seine Position. Er war auf der Höhe seines Lebens und seiner Möglichkeiten.

Aber dann, auf einmal, beinahe von einem Tag auf den anderen, wendet sich das Blatt. Die Sonne des Saul verdunkelt sich, sein Stern sinkt. Alles, was er sich aufgebaut, fängt an zu kippen. Der Erzähler dieser Geschichte notiert dieses Phänomen in einem einzigen Satz. Das, was da alles zusammenkommt, bis einer, der Macht und Ruhm besaß, ins Straucheln gerät, den Halt verliert, so dass offenkundig wird: Er muss stürzen – alle diese Umstände und Kräfte, die da mitspielen, fasst der Erzähler in diesen einen Satz zusammen: „Der Geist des Herrn aber wich von Saul, und ein böser Geist vom Herrn ängstigte ihn." Ein großartiger Satz, psychologisch und theologisch gelesen. Und es ist der erste, der Einleitungssatz zu dieser Geschichte, und einer von den zwei Sätzen, in denen von Gott und Gottes Wirken ausdrücklich die Rede ist.

„Der Geist des Herrn wich von Saul" – das bezeichnet, was dieser König auf der Höhe seines Lebens auf einmal und entscheidend *verloren* hat: die Gabe und die Umgebung des Geistes. Er war einer, der zu Höhenflügen angesetzt hatte – und was für welchen! – aber was ihn da beflügelt hatte; was ihm unter die Flügel gefahren war wie ein mächtiger Aufwind, der ihn emporhob und oben bleiben ließ: Es war nicht einfach sein Geschick oder auch sein Glück, nicht der politische Instinkt oder die Gunst des Augenblicks oder die besondere Konstellation der Machtverhältnisse, meint unser Erzähler. Es ist, als zöge er den Vorhang hoch, um einen Blick hinter die Kulissen zu gewähren, wo die entscheidenden Kräfte spielen, und da sagt er: Saul wurde verlassen vom Geist Gottes, der ihn erhoben und getragen hatte, äußerlich und innerlich. Sprichwörtlich sagen wir von einem, der verheerend aus der Richtung seines Lebens zu laufen und tödlich abzustürzen droht: Er ist von allen guten Geistern verlassen. Das ist eine späte Erinnerung an diesen Einleitungssatz unserer Geschichte: Saul wurde vom guten Geist Gottes verlassen.

Was bleibt übrig nach solchem Verlust? Ein Mensch, der ins Schleudern kommt. Einer, der aus den Fugen gerät, aus dem Gleichgewicht, der anfängt zu schwimmen und zu sinken. Grund genug zu der Frage und zu der Überlegung: Was trägt uns eigentlich im Leben und was hält uns oben, geistig und seelisch, auch bis ins körperliche Wohlbefinden hinein? Was trägt und hält uns, wenn es nicht der Geist, der lebendige und schöpferische Gottes-Geist ist? Und mit ihm geht es, wie es uns mit vielem Guten und Wertvollen im Leben geht: Man merkt, was man daran hat, erst richtig in dem Moment, wo man's verloren hat.

Und dann der zweite Teil – immer noch des ersten großartigen Satzes in dieser Geschichte von Saul: Als der Gottes-Geist von ihm abgelassen hatte, fing ein böser Geist von Gott an, ihn zu ängstigen. Der Verlust, den Saul erleidet, bildet also keine Leerstelle, nicht einfach ein Vakuum. Beziehungsweise, wenn schon ein Vakuum, dann eines, das auf seine Weise aktiv ist. Es entwickelt einen Sog. Wenn der Geist Gottes es an sich hatte zu erfüllen: mit Kraft zu erfüllen, mit Mut, mit Hoffnung, so hat die andere Seite, das Vakuum, das hier „böser Geist" genannt wird, es genau umgekehrt an sich zu entleeren. Es saugt und zehrt aus. Es raubt Kräfte und höhlt innerlich aus. Was als Gefühl dabei herauskommt, ist allererst Angst, und so schildert es auch der Erzähler: Der mächtige Saul wird ausgelaugt zu einem Bündel aus Angst. Und Angst ist die Sorge, die Panik, vergehen zu müssen.

Heute würden wir sagen: Saul wurde von schweren Depressionen geplagt. Er war nicht mehr auf der Höhe, die alles überschaute und alles beherrschte. Er war jetzt tief unten, wo es eng wird und bedrängend und anscheinend aussichtslos. Das ist so über ihn gekommen wie ein Verhängnis, er hat es nicht herbeigeführt und er konnte es nicht verhindern. Er steckt nun mitten darin.

Und dann gibt es kluge Leute am Hof des Saul. Wohl dem, der kluge, wirklich kluge Leute um sich hat. Sie haben die Lage des Saul gesehen und wenn sie vielleicht auch nicht ganz hindurchgesehen haben, so ist doch klar geworden: Der Mann braucht so etwas wie eine therapeutische Hilfe, eine Kraftzufuhr für seine Seele, die ausgezehrt und leer zu werden droht.

Und ihnen fällt David ein. Der junge David, der Musik zu machen versteht auf der Harfe. Die Idee ist also: Gesang und Musik als Therapie für einen depressiv gewordenen Menschen. Was daran auffällt, ist zweierlei. Einmal ist in diesem ganzen Zusammenhang keineswegs von Gott oder von göttlichen Kräften der Musik die Rede. Die Sache wird sehr nüchtern, sehr säkular behandelt. Harfenspiel tut gut, nicht nur für den ästhetischen Genuss, sondern auch für eine geplagte Seele. Es schafft Erleichterung. – Und zum andern: Es gibt offenbar Situationen menschlicher Not, in denen Worte weniger bewirken als Musik. Saul befand sich allem Anschein nach in einer Lage, wo gutes Zureden wenig oder gar nichts helfen konnte. Er hatte einfach kein Ohr dafür. Aber Musik mochte ihn erreichen. Sie hat nicht die Fähigkeit, ihm zu sagen, was er tun und lassen soll. Sie vermag keine Wege zu weisen. Aber sie kann einen Zugang schaffen in seine Verschlossenheit. Sie kann etwas zum Klingen bringen, wo alles dumpf und stumpf geworden war bei ihm. Sie kann mit ihren Klängen und Melodien eine Art Leiter bilden, auf der einer langsam, zögernd, aber immerhin hinaufsteigen kann aus seinem Loch, in dem er zusammengekrümmt am Boden lag.

Allerdings, Musik damals und Musik heute sind nicht einfach dasselbe, auch nicht in der Art und Weise ihrer Präsentation. Wir können heute Musik von CDs in Perfektion anhören, aber völlig abstrakt, völlig losgelöst von den Musizierenden. Das war im Falle von Saul und David ganz anders. Dem Erzähler der Geschichte ist wichtig zu betonen, was das Harfen*spiel* für eine Kraft hat. Es ist ihm aber auch wichtig zu beschreiben, um wen es sich bei dem Harfen*spieler* handelt. Denn diesen David stilisiert er zum Idealbild des jungen hebräischen Mannes. Eine Lichtgestalt sozusagen. Nicht weniger als sechs Charakteristika legt der Erzähler dem David bei, und diese sechs Eigenschaften sind es, die David nicht nur in den Rang einer biblischen Idealfigur erheben, sondern die ihn auch für den geistverlassenen Saul als Wohltat erscheinen lassen. Da wird gesagt, dass David jung war; anders als Saul, der in die Jahre gekommen, den Zenit des Lebens überschritten hatte. Dann gilt David als einer, der „des Saitenspiels kundig" ist, also den schönen Künsten zugetan, die Griechen hätten gesagt: ein Musensohn. Weiter erfahren wir, der junge David sei „ein tapferer Mann und tüchtig zum Kampf", auch ein wohltuendes Gegenüber zu Saul, der da ängstlich und verklemmt in seinem Jammer saß. Und, heißt es, „verständig in seinen Reden" sei er gewesen, dieser David, also kein Narr und kein Schwätzer, sondern einer, dem man gern lauscht, weil er etwas zu sagen hat. Und dann – die fünfte Eigenschaft, die David zur Idealgestalt macht, die am meisten griechisch erscheinende: Er war „schön gestaltet". Das war also auch in Israel der Erwähnung wert, nicht bloß in Athen, und es besagt, dass der Mensch nicht nur Seele hat und Verstand, sondern auch einen Leib. Ja, und dann das letzte Charakteristikum für David, und das ist nun gar nicht griechisch, sondern sehr hebräisch und biblisch: „Und der Herr war mit ihm." Der Herr – mit ihm. Was er mit Saul nun gerade und zu dessen persönlicher Katastrophe nicht mehr war, das war er bei David. Mit ihm, ihn umgebend, ihn begabend mit seinem Geist, seiner Lebenskraft. Es gibt für biblisches Denken keine Idealgestalt des Menschen – ohne diese Verbindung zu Gott.

In der Tradition ist David darum verständlicherweise nicht nur der mächtige König geworden und der sensible Saitenspieler, sondern auch der Psalmdichter und Psalmensänger. Ein großer Teil der Psalmen wird ihm zugeschrieben. Er war eben der (oder wurde in Erinnerung behalten als der), der nicht bloß Musik zu machen imstande war, sondern der die Musik zu Gott erhob und Göttliches in Musik und Gesänge und Lobpreisungen umsetzte. Alles Singen von Menschen ist ursprünglich wohl doch ein Singen zum Lobe Gottes gewesen, anbetendes Singen also und Widerklang, Nachklang von einer Melodie des Lobens und Dankens, die die ganze Schöpfung durchzieht, so wie es in Psalm 96 in schöner Poesie heißt:

„Der Himmel freue sich, und die Erde sei fröhlich;
Das Meer brause und was darinnen ist;
Das Feld sei fröhlich und alles, was darauf ist;
es sollen jauchzen alle Bäume im Walde vor dem Herrn."

Jedenfalls, es sollte in dem Singen und Spielen des David schon etwas enthalten gewesen sein von dieser Kraft des Göttlichen, dass es – der Erzählung nach – fähig war, den bösen Geist von Saul wegzunehmen, wenigstens für eine gewisse Zeit.

Und ein später Nachklang (und spät heißt hier: in der Regel auch gar nicht mehr bewusst); ein später Nachklang dieser Kraft des Singens und Spielens gegen das Böse steckt am Ende auch noch in dem Spruch:

„Wo man singt, da lass dich ruhig nieder;
Böse Menschen haben keine Lieder."

Helden sind rar; auch Helden im Glauben. Ein Held zeigt Stärke und ein Held zeigt Mut. Wem beides fehlt, der hat es oft schwer mit sich selber. Dann fühlt er sich klein und entwickelt Komplexe. Er nimmt sich zurück und traut sich nichts zu. Und wartet auf Wunder.

Exaudi/Pfingsten

SCHWACHES HERZ – STARKER GEIST
Römer 8, 26-28

„Der Geist hilft unsrer Schwachheit auf"
(Römer 8, 26).

Das ist für mich der Hauptsatz und Kernsatz im biblischen Textabschnitt, und wenn wir den verstanden haben, dann haben wir verstanden, was wichtig ist.

Schwachheit. Keiner will sie, aber irgendwann kommt sie doch über uns wie eine schwarze Nacht, der man nicht entrinnen kann. Zum Schwachsein gehört, dass man nicht weiter kann und nicht weiter weiß. Es ist die Sackgasse. Der moorige Untergrund, der nicht mehr trägt und bei dem es anscheinend nur noch Versinken gibt.

Aber der Apostel erwähnt ja nicht nur diese Möglichkeit, dass wir schwach werden und auch merken, wie schwach wir geworden sind. Er redet von solcher Schwachheit, aber er behauptet nicht, dass sie aussichtslos sei. Denn er weiß von der Kraft des Geistes, von Gottes

Geist und seiner Lebenskraft. Aber wie nun? Wie mag es denn geschehen, dass der Geist Gottes uns aufhilft in unserer Schwachheit?

Es gibt ein Gedicht von Carl Zuckmayer, das ich sehr mag. Zuckmayer, das war der, der den „Hauptmann von Köpenick" geschrieben hat. Dieses köstliche Stück von einem armen Schlucker in Berlin, der das ganze preußische Militär zum Narren hält. Es ist einmal mit Heinz Rühmann verfilmt worden. Zuckmayer war ein beliebter Autor und er hatte viel Sinn für Humor. Aber er hatte auch Sinn für das Ernsthafte, für menschliche Not und Angst und für das Erleben von Schwachheit. Das Gedicht, das ich meine, hat er mit dem Titel „Nachtgebet" überschrieben. Und darin heißt es:

> „Alte Leute werden manchmal wach
> Und wissen, dass sie sterben müssen.
> Dann wird ihr Herz bang.
> Denn sie haben gelernt,
> Dass niemand weiß, wie Sterben ist.
> Dass keiner wiederkam, davon zu künden.
> Dass sie allein sind, wenn das Letzte kommt.
> Und wenn sie weise sind,
> Dann beten sie. Und schlummern weiter."

Gehen wir diese einfachen und doch so intensiven Worte des Dichters noch einmal durch. Im Blick sind „alte Leute". Aber es müssen nicht unbedingt alte Leute sein. Es können auch Kranke sein, schwer Erkrankte, die nicht wissen, was mit ihnen wird, weil die Ärzte strenge Mienen aufsetzen und drumherum reden, wenn man sie fragt. Alte Menschen oder kranke oder in ihrem Leben plötzlich schwer gebeutelte und enttäuschte Menschen. Sie liegen nachts im Bett und sollten ruhen. Aber es ist nicht ruhig in ihnen. Und darum werden sie wach mitten in der Nacht und wälzen sich herum und grübeln, und es beschleicht sie die schlimme Ahnung, dass sie sterben müssen. Das ist Schwachheit in äußerster Verdichtung. Das Gefühl, keinen Grund mehr zu haben unter den Füßen und bloß noch zu fallen, tiefer und tiefer zu fallen, ohne Licht und ohne Wiederkehr. Und so wird ihr „Herz bang", sagt Zuckmayer. Ein banges Herz ist ein Herz ohne Kraft. Es kann sich nicht wehren gegen die Angst, und die eigene Schwachheit überwinden kann es schon gar nicht.

Eine *verzweifelte* Lage, so daliegen zu müssen in der Nacht? Man möchte es meinen.

Aber in Zuckmayers Gedicht folgt nun am Ende eine ganz überraschende Wendung. Denn dort heißt es jetzt:

„Und wenn sie weise sind,
Dann beten sie. Und schlummern weiter."

Weise, so betont der Dichter. Es kann ausgesprochen weise sein zu beten. Im Allgemeinen heißt es: Not lehrt beten. Als wäre das Beten ein Notbehelf. Und noch einen Tick salopper sagt man heute gern in schwierigen Situationen, in die einer hineingeraten ist: „Jetzt hilft bloß noch beten!" Wenn sich einer total verzockt hat mit Aktien bei der Börse: „Jetzt hilft bloß noch beten!" Und wenn beim Fußball-Endspiel die eigene Mannschaft auch fünf Minuten vor Schluss noch im Rückstand ist: „Jetzt hilft bloß noch beten!" Ach ja, wirklich? Glauben die, die so reden, im Ernst selber daran, dass es helfen könnte?

Nein, die Not ist es nicht, die zu beten lehrt, und ein Ende der Not wird damit auch nicht herbeigeführt.

Was Zuckmayer in seinem Gedicht anspricht, ist etwas anderes. Es ist das Wahrnehmen, das Erleben eigener Schwachheit, das tatsächlich bang machen kann – und jetzt kein Trick, auch kein religiöser Trick mit dem Beten, um da wieder herauszukommen. Sondern es ist die Bereitschaft, sich ganz und gar fallen zu lassen. Beten bedeutet: sich fallen lassen. Hinein in die eigene Schwachheit, die körperliche und seelische Ohnmacht – und sozusagen noch tiefer darunter: hinein in die Arme Gottes.

Interessant ist, dass der Dichter nicht sagt, *was* die Menschen da beten, als sie des Nachts aufwachen und ihnen auf einmal gewiss wird, dass sie sterben müssen. Er sagt nicht, sie beten ein Vaterunser. Oder sie wenden sich an Gott mit der Bitte, ihnen zu helfen in der Not. Gar nichts davon. Es heißt bloß: „Dann beten sie." Und ich verstehe das so: Sie klammern sich nicht an irgendwelche Dinge, die eine Aussicht auf Verbesserung ihrer Lage versprechen könnten. Nicht einmal an Gott klammern sie sich, wie es ein Hiob zum Beispiel tat. Sie lassen sich fallen – *das* ist ihr Gebet! Und indem sie sich derart fallen lassen, wissen sie tief in ihrem Herzen, dass sie nicht ins Bodenlose fallen werden. Bei all ihrer Schwachheit *nicht* ins Bodenlose fallen, sondern in die Arme Gottes. So sich fallen lassen, das heißt beten. Und beten heißt: so sich fallen lassen.

Haben Sie's noch im Ohr? Zuckmayer nennt das ausdrücklich „weise". Nicht verrückt oder religiös benebelt, sondern weise. Solche Weisheit wünsche ich mir und Ihnen, für die guten Stunden des Lebens und erst recht für die schweren.

Der letzte Vers in Zuckmayers Gedicht besteht aus zwei kurzen Sätzen und jeweils drei Worten: „Dann beten sie. / Und schlummern weiter." Das Schlummern steht am Ende. An einem guten Ende. Die Unruhe, die einem den Schlaf raubt; das nächtliche Erschrecken in und vor der eigenen Schwachheit und vor dem Menetekel des Sterbenmüssens – es kann schwinden, wie eine Nacht schwindet vor der aufgehenden Sonne. Weiter schlafen zu können, das ist schon ein Geschenk in solcher Lage, schon ein Moment von erlebter Gnade. Man ist dann nicht völlig und fein heraus aus den Tiefen der Schwachheit, aber man bleibt auch nicht allein darin. Nicht allein und nicht verlassen.

Der Apostel Paulus nennt das den Beistand des Geistes. Gottes Geist hilft unserer Schwachheit auf. Er tritt auch ein für uns, wenn wir anfangen zu beten und nicht recht wissen, was denn und wie und dabei diesen innerlichen Schritt tun, uns fallen zu lassen in die Arme Gottes. Wenn wir uns fallen lassen auf ihn zu, wird er uns nicht fallen lassen ins Leere.

Bloß, wie kommt der Apostel darauf, auf solche Weise vom Geist Gottes zu reden und zu erwarten, dass er uns helfen könne in unserer Schwachheit?

Die Antwort darauf gibt er im selben achten Kapitel seines Römerbriefes, wo er vom Geist Gottes spricht, der Christus von den Toten auferweckt habe (Vers 11). Und da haben wir sie wieder, die Erfahrung von Schwachheit bis zum Tode und die Weisheit zu beten in diesem Augenblick und die Bereitschaft, sich fallen zu lassen in die Arme Gottes. Alles im unmittelbaren Zusammenhang mit der Geschichte Jesu Christi. Er sah sich ausgeliefert in die Hände seiner Gegner und erkannte, dass er sterben musste. Im Garten Gethsemane zieht er sich zurück und wacht in seiner Schwachheit, während Freunde, die ihn begleiten, ahnungslos schlafen. Und dann wendet er sich an Gott, durchaus in Ängsten zunächst, aber dann auch in dieser Bereitschaft, sich fallen zu lassen. Denn er betet: „nicht wie ich will, sondern wie du willst". Das ist betendes Sich-fallen-Lassen in der Gewissheit, dass es ein Fallen in Gottes Arme sein wird.

Entsprechend bei der Kreuzigung. Die letzten Worte Jesu, Worte auf dem Tiefpunkt seiner Schwachheit, direkt im Angesicht seines Todes, es sind Gebetsworte, die eigentlich nichts anderes enthalten als diese eine Kraft, sich fallen zu lassen: „In deine Hände befehle ich meinen Geist."

Eine *Kraft*, sich fallen zu lassen, habe ich gesagt. Und das ist kein Widerspruch zu der erlebten Schwachheit, worin sie wirksam werden kann. Sich wirklich ganz und gar fallen zu lassen, dazu braucht es allerdings auch eine Kraft, – und zwar eine besondere. Keine Kraft, die wir selber aufzubringen vermöchten. Aber eine, die uns zuwachsen kann in Augenblicken einer tief erlebten eigenen Schwachheit. Eine Kraft, die gerade in den *Schwachen mächtig* wird, wie der Apostel an anderer Stelle betont. Eine Kraft, die nicht aus uns kommt, sondern die *in* uns hineinkommen will von Gott. Diese Kraft nennt Paulus den „Geist", Geist aus Gott, Leben schaffende und zum Leben erweckende Kraft. Sie war in Jesus lebendig und sie hat den gestorbenen Jesus auferweckt zum neuen Leben. Sie ist also buchstäblich Lebenskraft. Gottes Geist, das ist Gottes Lebenskraft, und auf die dürfen wir hoffen, in den starken Stunden unseres Lebens und mehr noch in den schwachen. Und dann kann es geschehen, dass uns „alle Dinge" –

wirklich alle und nicht allein die schönen und angenehmen und leichten Dinge – „zum Besten dienen".

Ja, und in einer Woche, am kommenden Sonntag, da ist Pfingsten. Das Fest des Geistes, mit dem Gott in die Welt kommt und Leben schafft. Dieses Jahr liegt Pfingsten ziemlich spät im Kalender. Da ist der Frühling bereits sehr fortgeschritten. In anderen Jahren passt das deutlicher zueinander: die Lebenskraft des Gottesgeistes und das Aufblühen und Wachsen in der Natur. Wir wissen, dass beides nicht einfach dasselbe ist. Aber wir dürfen uns am Frühling freuen, der die langen Nächte verdrängt und kahle Bäume und Zweige begrünt und Blumen auf die Wiesen zaubert und alles Lebendige aufatmen lässt. Nehmen wir das Ganze doch einfach wie ein schönes Zeichen, das uns vor Augen führt, wie das Licht über die Nacht, die Lebenskraft über die Schwachheit, das Leben über den Tod triumphieren kann. Pfingsten, denke ich, ist ein heiteres Fest und es ist ein Fest der Dankbarkeit. Wir danken Gott und dem Beistand seines Geistes. Gott schenkt Leben und sein Geist hilft uns in unsrer Schwachheit. Und wo er hilft, kann nichts verloren sein.

Deinen Lebenslauf – wer steuert ihn? Soll dein Lebenslauf zu einer Karriere werden? Denkst du ans Ende deiner Wege? Magst du Abreißkalender? Kennst du Plätze, die du fliehst, und andere Plätze, die du suchst? An welchem Platz haften die meisten Erinnerungen?

Silvester/ Neujahr

WANDERN UND BLEIBEN

„Wir haben hier keine bleibende Stadt, sondern die zukünftige suchen wir" (Hebräer 13,14).

Der Satz besteht aus zwei Hälften. Die erste Hälfte formuliert eine Erfahrung, die zweite eine Hoffnung.

Erst also die Erfahrung: keine bleibende Stadt. Wir haben hier keine bleibende Stadt. – Das scheint klar und ohne weiteres verständlich zu sein.

Aber ist es so klar?

Nehmen wir Jakob zum Beispiel. Den Jakob aus der Bibel. Es ging ihm nicht schlecht daheim, und er scheint sich recht wohl gefühlt zu haben im Haus des Vaters Isaak und der Mutter Rebecca. Und dann – plötzlich – kann er doch nicht bleiben. Er hat seinen Bruder Esau übers Ohr gehauen und seinen blinden Vater Isaak dazu, und nun gibt es da kein Bleiben mehr für ihn. Der Boden brennt ihm unter den Sohlen, und er muss weg, ab in die Ferne. Keine bleibende Stadt für Jakob im Hause des Vaters.

Er gelangt nach Bethel und hat diesen wunderbaren Traum von den Engeln, die auf einer himmelhohen Leiter zu ihm niedersteigen, und am anderen Tag baut er einen Altar an der Stelle, ein Heiligtum für Gott, und kann doch nicht bleiben. Die Sorge, eingeholt zu werden vom grimmigen Bruder, treibt ihn weiter.

Und dann landet der Flüchtige fernab auf den Besitzungen Labans, des Onkels. Und der nimmt ihn freundlich auf und bietet ihm Arbeit, und Jakob stellt sich geschickt an, denn geschickt war er nun mal in vielerlei Hinsicht, und er wird reich an Vieh und bekommt sogar Labans Tochter, die schöne Rahel, zur Frau. Anscheinend ein Ort zu bleiben, sich niederzulassen und auf Dauer einzurichten.

Aber dann wird es ihm doch zu eng, unserm Jakob, zu eng in Labans Zäunen und zu eng im eigenen Herzen, weil da etwas zieht in seinem Herzen und das zieht ihn nach Hause. Heimweh nennen wir das. Also wieder keine bleibende Stadt für Jakob.

Er macht sich auf eines Tages mit all seinen Gütern, mit seiner Familie und seinem Gesinde, und tritt den Rückweg an, den Heimweg, dorthin, wo ihm endlich ein Bleiben vergönnt sein soll. Und siehe da, es scheint zu gelingen. Die Schuld an seinem Bruder Esau lag ihm noch auf der Seele, aber das konnte ausgeräumt werden, eine Versöhnung fand statt. Jetzt endlich – eine bleibende Stadt?

Jahre gehen hin, und eine gewaltige Dürre legt sich auf das Land. Die Felder sind kahl, die Tiere brüllen, im eigenen Topf ist auch nicht viel. Große Hungersnot. Hunger kann man aushalten eine Weile, aber nicht auf Dauer. Auf die Dauer geht man entweder zugrunde am Hunger oder man geht fort und sucht andere Gebiete, wo es zu essen gibt. Jakob schickt seine Söhne nach Ägypten, wo Joseph der Herr über gefüllte Kornspeicher ist. Und dann holen sie ihn nach, den alten Jakob. Der Alte soll dahin kommen, wo die Jungen sind. Auch so ein bekanntes Spiel des Lebens. Und Jakob muss wieder den Ort verlassen, der seine Heimat geworden war, und es war wieder keine bleibende Stadt für ihn.

So kam er nach Ägypten in Josephs Nähe und lebte in Ägypten und starb auf fremder Erde. Nachher haben sie ihn feierlich zurückgebracht ins Land seiner Väter und im Familiengrab beigesetzt. Sollte das nun die endgültig bleibende Stadt sein nach einem unruhigen Leben?

Was von Jakob erzählt wird in der Bibel, ist seine Geschichte, gewiss, aber sie enthält zugleich sehr ähnliche Geschichten von vielen Menschen aus aller Welt, bis auf den heutigen Tag. Da sind die, die davon müssen, weil sie irgendwas auf dem Kerbholz haben. Sie können nicht bleiben, weil sie Nachteile, vielleicht sogar Strafe fürchten. Keine bleibende Stadt. – Und da sind die, die einmal weggezogen sind von daheim und sich eingerichtet haben in der Fremde, aber das Heimweh zieht in ihrer Seele, und sie machen sich wieder auf zu finden, was sie in der Fremde nicht gefunden haben. Keine bleibende Stadt. – Und dann sind da noch die, es waren immer viele im Lauf der Geschichte, aber heute werden es mehr und immer mehr, Millionen von Menschen, die Hunger leiden, weil ihr Land nicht hergibt, was zum Überleben nötig wäre. Sie kommen um oder sie wandern aus. Und wenn sie wegziehen aus ihrer Heimat und ankommen in fremden Ländern, sind sie nirgendwo gern gesehen, und es werden Gesetze gemacht, die es erlauben, sie schnell wieder fortzuschicken. Bloß – wo sollen sie hin? Sie haben nirgendwo eine bleibende Stadt.

Allerdings, diese Menschen wissen es wenigstens. Es gibt genug andere, die es nicht wissen, die leben und ihr Leben einrichten, als hätten sie eine bleibende Stadt und müssten nur Sorge um sie tragen und sie notfalls verteidigen. Dazu wurden früher Burgen gebaut und Festungen errichtet und massive Stadtmauern und was sonst. Ein Haufen von Maßnahmen, die imstande sein sollten, diesen Erfahrungssatz ins Unrecht zu setzen: Wir haben hier keine bleibende Stadt? – Von wegen! Wir haben eine, wir bauen uns eine, wir richten uns ein, dass uns nichts und niemand beikommen kann. – Und dann fahren die Späteren durchs Land und sehen überall die Burgruinen und die zerstörten Festungen und die verfallenen Mauern. Es gibt wirklich keine bleibende Stadt für uns. Am nachdrücklichsten hat Jesus das deutlich gemacht in seinem Gleichnis vom reichen Kornbauer. Diesem Mann, der es geschafft zu haben glaubte mit der bleibenden Stadt. Die Scheunen voll und das Konto dick, da war das Bleiben doch wohl gesichert, für heute und morgen und weit hinaus. Und Gott redet zu ihm in der Nacht und sagt: „Du Narr, in dieser Nacht noch fordert man das Leben von dir!" – Ja, richtig: Wir haben hier keine bleibende Stadt, und wohl dem, der diese Erfahrungseinsicht nicht wegschiebt, sondern beherzigt.

Das wäre nun der erste Teil des Satzes aus dem Hebräerbrief. Diese Erfahrung, die jeder machen kann, wenn er bloß will. Der zweite Teil betrifft eine Hoffnung: „sondern die zukünftige (die zukünftige Stadt) suchen wir".

Wenn Sie einmal in Worms sind und nicht bloß den Dom besuchen, sondern auch den großen jüdischen Friedhof nicht weit davon; oder wenn Sie anderswo, beispielsweise im kleinen Ort Buttenhausen auf der Alb über den jüdischen Friedhof gehen, dann weht sie gleich etwas an von der Wahrheit dieses Satzes: Die zukünftige Stadt suchen wir. Da finden Sie diese Reihen von Grabsteinen mit ihren hebräischen Schriftzeichen, und sie stehen gerade und schief beieinander, nach vorn oder zur Seite geneigt vor lauter Alter und Hinfälligkeit, aber sie sind alle in derselben Weise ausgerichtet nach Osten, nach Jerusalem. Das wandernde Gottesvolk auf dem Weg nach Zion. Jetzt, an dieser Stelle, sind es nur noch die Steine, die Grabsteine mit den jüdischen Namen, die Zeugen dieser großen, scheinbar unaufhaltsamen Bewegung sind. Aus allen erdenklichen Fremden der Welt bewegt sich der unsichtbare Zug des Gottesvolks in Richtung Jerusalem, der zukünftigen Stadt, wo für sie das Versprechen einer bleibenden Stadt eingelöst werden soll. Vertrieben und umhergestoßen in allen Weltgegenden lebt das Gottesvolk stellvertretend diese Wahrheit, dass es hier keine bleibende Stadt gibt. Aber sie leben – und das ist das schier Unglaubliche – sie leben das nicht in Angst und Verzweiflung. Sie leben es vielmehr in der Hoffnung, dass da noch eine Heimat wartet auf sie, eine ewige Heimat, aus der man sie nicht mehr vertreiben und fortjagen kann: die Heimat bei Gott. – Im selben Hebräerbrief heißt es an anderer Stelle: „Es ist noch eine Ruhe vorhanden dem Volke Gottes" (4,9). Eine Ruhe, ja. Und ein Bleiben. Die Ruhe hat mit dem

Sabbat zu tun und der Sabbat mit der Ruhe Gottes selber. Wo Gottes Ruhe ist, da kann auch der Mensch – endlich – zur Ruhe kommen. Er darf ausruhen von seinen unsteten Wegen durch die Welt. Und kann bleiben.

Gehen wir noch einen Schritt weiter. Denken wir an Jesus, der ja mitten hineingehört ins Gottesvolk, von dem die Rede war. Auch er hatte wahrhaftig keine bleibende Stadt auf der Erde. Schon bevor er auf die Welt kommt, müssen seine Eltern auf die Wanderschaft, die Weihnachtsgeschichte erzählt davon. Kurz darauf, so erzählt es Matthäus, müssen die Eltern mit dem Kind auf der Flucht vor Herodes nach Ägypten. Später, als erwachsener Mann, ist er ständig unterwegs, rastlos. Eine bleibende Stadt? Die Füchse haben Gruben und die Vögel haben Nester, aber der Menschensohn hat nicht, wo er sein Haupt hinlegen kann, erfahren wir von ihm. Was für ein Vertreter des wandernden, nicht zur Ruhe kommenden Gottesvolks!

Und warum das alles? Gewiss, Jesus wollte den Menschen nahe kommen; den Versehrten, um zu heilen; den Traurigen, um zu trösten; den schuldig Gewordenen, um sie frei zu sprechen. Und bei und in alledem, um das Reich Gottes zu verkündigen. Das Reich Gottes – ein großes Wort. Auch ein schwieriges Wort. Wir können etwas davon verstehen, wenn wir an die zukünftige Stadt denken, die der Hebräerbrief anspricht. Die künftige Stadt Gottes, in der es ein Bleiben geben wird. Das himmlische Jerusalem, wie es auch heißen kann in der Bibel. Leben bei Gott und mit Gott.

In der Bergpredigt hat Jesus die Menschen angesprochen auf ihr Sorgen. Diese grundmenschliche und unausrottbare Mentalität von Menschen, für ihr Leben unausgesetzt in Sorge zu sein. Deshalb müssen sie ständig Dinge besorgen, damit ihre Sicherheit gewährleistet ist. Besorgungen gegen den Hunger, Besorgungen gegen die Kälte, gegen Feinde, gegen die Langeweile, gegen die Not. Aber was macht ihr da eigentlich?, fragt Jesus. In was für eine Unruhe der Seele und Hektik des Leibes treibt ihr euch da hinein, Tag für Tag? Als Sklaven eures ständigen Besorgenmüssens? Und so vermeidet ihr es, unwissend, aber folgenschwer, vermeidet es, dass schon etwas von der

Ruhe Gottes hineinscheinen kann in euer unruhiges Leben. Ihr seid wie besessen davon, bei dem bleiben zu sollen, was ihr habt; was ihr einmal erworben, in Besitz genommen und festgehalten habt. Ihr wollt euer Bleiben – besorgen! Euer Bleiben möglichst in allen Beziehungen des Lebens. Ihr überseht und vergesst, dass wir hier keine bleibende Stadt haben. Und dann sagt Jesus an der betreffenden Stelle der Bergpredigt diesen entscheidenden Satz: „Trachtet am ersten nach dem Reich Gottes und seiner Gerechtigkeit, so wird euch solches alles zufallen" (Matthäus 6,33).

Zufallen, das heißt: geradezu in den Schoß fallen, ja! Die Besorger (und das sind wir alle) sind mehr oder weniger vollständig mit der Sicherung ihres Lebens beschäftigt. Sie rechnen gar nicht damit, dass ihnen etwas, und zwar etwas Entscheidendes, in den Schoß fallen könnte. Wie denn auch! Keinem wird was geschenkt! Und wer nicht plötzlich mit leeren Händen dastehen und den Bach hinuntergehen will, der muss aufpassen und sich anstrengen. So heißt es! Und danach leben wir gewöhnlich und suchen ein Bleiben, das es so gar nicht gibt, und verheddern uns in Betriebsamkeit und stöhnen, dass wir keine Zeit haben und dass uns irgendwann der Infarkt erwischt. Und der eigene Kampf ums Bleiben wird zu einem Kampf, den wir immer bloß verlieren können. Immer bloß verlieren! – Nein, sagt Jesus, sorget nicht und erstickt nicht im Trubel eures Besorgens. Sucht zuerst, also in erster Linie das Reich Gottes, die Nähe und die Wahrheit Gottes, dann werdet ihr merken, wie das Besorgen unwichtiger und unwichtiger wird. Und es kann sich etwas einstellen, das mit der Erfahrung von Ruhe zu tun hat. Die Ruhe eines ungestörten Bleibens. Die kann nur von Gott hineingegossen werden in unser Herz. Und das hat auch der große Kirchenvater Augustin erkannt und wunderbar umschrieben in seinem Satz: „Unruhig ist unser Herz, bis es Ruhe findet in dir."

Was wird aus der Kirche? Schrumpft sie sich gesund oder sterbenskrank?
Was für Veränderungen sind nötig, welche Reformen machbar?
Brauchen wir mehr Anreize? Mehr Power? Mehr Glanz?
Drohen uns Banalisierung und oberflächlicher Schnickschnack?
Erkennen wir eine Richtung?

Advent

KLEINE KRAFT
Offenbarung 3, 7-13

„Du hast eine kleine Kraft und hast mein Wort bewahrt und meinen Namen nicht verleugnet"
(Offenbarung 3, 8).

Gemeindeversammlung in Philadelphia, einer Stadt in Kleinasien. Nicht zu verwechseln mit der Stadt gleichen Namens in den USA, von der im 18. Jahrhundert die Unabhängigkeit Amerikas ausging, die politische Lösung vom Mutterland auf den britischen Inseln.

Nein, eine viel ältere, viel kleinere Stadt Philadelphia. Wir lassen uns versetzen in die Zeit etwa hundert Jahre nach Christus, auf ein Gebiet der heutigen Türkei. Übrigens ein erdbebengefährdetes Gebiet. Viele lebten noch, die zu erzählen wussten von Zerstörungen eines Bebens vor Jahren. Die Wände der Hütten hatten sich umgelegt, als würden sie zusammengefaltet von einer gewaltigen Hand.

Aber das Leben erholte sich, und bald waren die Schrecken in weite Ferne gerückt und vergessen. Man ging seinen täglichen Geschäften nach, besonders auf dem quirligen Markt, wo Händler aller Sprachen und Hautfarben ihre Waren anboten.

Abseits, in einer schmalen, verkehrsarmen Seitengasse, pflegten sich die Christen zu versammeln. Ein kleines Häuflein. Ein paar Juden waren unter ihnen, in der Mehrzahl aber Phrygier und Lydier, die Griechisch sprachen und sich von ihren heidnischen Göttern verabschiedet hatten, nachdem ihnen das Evangelium verkündigt worden war.

Und jetzt gab es dort in der Gemeinde von Philadelphia eine Krisenversammlung. Nicht die erste in ihrer jungen Geschichte, denn es kriselte bereits seit Jahren, und die Stimmung war ziemlich trüb in der Gemeinde. – Wir wachsen nicht, sondern treten auf der Stelle, sagte einer, der eine Gewürzhandlung betrieb in der Stadt und über Kamelkarawanen aus dem fernen Asien seine Waren bezog. Was Erfolg haben soll, das muss wachsen, wusste er. Wachstum sei der Lebenstrieb überhaupt, ohne Wachstum könnte er seinen Laden schließen, statt seine Geschäfte auszudehnen und Gewinne zu erzielen. Aber die Christengemeinde sei ein lauer und verpennter Haufen, in dem alles mehr oder weniger vertrockne, statt zu blühen und zu wachsen. Vor Jahren sei er der Gruppe beigetreten, nun überlege er, ob er nicht wieder aussteigen solle.

Sehr richtig, pflichtete ein Zweiter bei, der einen weiten farbigen Umhang trug und ein gewundenes Tuch auf dem Kopf. Mit ihrem Gottesdienst und ihrem strengen Glaubensbekenntnis habe sich die Gemeinde ins Abseits manövriert, und das religiöse Angebot, das man der Stadt und dem Volk mache, sei uninteressant wie ein alter Ladenhüter. Statt dass man hinschaue, was die Leute mögen und worauf sie richtig abfahren. Auf dem nahen Markt hätten immer drei oder vier Wahrsager aus Indien ihre Buden aufgeschlagen, da sei schon die Luft drum herum köstlich geschwängert von allem indischen Räucherwerk und von den Düften Arabiens, und drinnen würde den Leuten für wenig Geld die Zukunft gelesen aus Töpfen und Schalen, in denen seltene Kräuter köchelten. Vor dem Eingang bildeten sich Schlangen. Die Menschen warteten geduldig, bis sie dran kämen. Hier in der Christengemeinde dagegen warte man umsonst auf Menschen, die einfach keinen Bock hätten herzukommen.

Und außerdem, fiel noch ein Dritter ein, außerdem sei man zu starr und zu stur in der Gemeinde. Und man kleckere bloß, statt zu klotzen. Der Göttin Aphrodite hätten sie gerade ein neues großes Denkmal gesetzt vor ihrem Tempel, *das* imponiere dem Volk, und da liefen sie hin mit Begeisterung. Sie aber, die Christen, was hätten sie denn schon außer einem Kreuz, schwarz und kahl, wie eines dastehe auf dem Altar und nicht in der Lage wäre, irgendeinen anzulocken. Warum lasse man nicht mehr Farbe herein in den Kirchenraum, mehr Kurzweiliges in den Gottesdienst? Wo Tänzer aufträten, liefen immer die Leute zusammen; warum nicht Tänze im Gottesdienst? Warum keine Bilder wie die von der schönen Aphrodite? Jeder wisse, dass das Auge auch was haben wolle, wenn der Mensch sich wohl fühlen soll. – Und dann sollte man Mäzene finden, die Geld in die leeren Kassen spülen, und sich gut Freund machen mit den Herren und den Einflussreichen in der Stadt, auch wenn man dazu ein wenig Abstriche machen müsse bei der strengen Linie ihres Bekenntnisses, warum auch nicht? Wäre man dazu nämlich nicht bereit, dann könne man in Kürze den gesamten Betrieb einstellen, samt Kreuz und Frohbotschaft.

Es war ganz still geworden im Raum. Die Frauen zogen ihre Kopftücher tiefer in die Stirn und schauten nieder in ihren Schoß. Einer kratzte sich verlegen am Kopf, ein anderer räusperte sich, alle schwiegen. Bevor es aber dazu kam, dass die Versammlung sich ratlos auflöste, trat einer von der Gemeindeleitung vor, mit einem Schriftstück in der Hand. Er war zierlich von Gestalt und hoch betagt, und seine Augen taten nur noch dürftig ihren Dienst, so dass er das Stück Pergament nahe vors Gesicht halten musste.

Meine Freunde, sagte er, wir sind wieder mal bei dem Spiel, das wir so gerne spielen von Zeit zu Zeit: dem Spiel von Selbstmitleid und von Größenwahn. Und beides hat miteinander zu tun. Wir bemitleiden uns, weil wir ein kleiner und sogar etwas armseliger Haufen sind, naja. Und wir träumen von möglichen Riesenerfolgen. Wir möchten, dass wir nicht am Rand der Stadt hockten, sondern in deren Mitte; dass das Publikum her zu uns ströme und nicht zu anderen Attraktivitäten und Lustbarkeiten. Wir möchten was Tolles darstellen und in aller Munde sein. Wir möchten was gelten. Ja, und weil das nun einmal nicht so ist, sind wir enttäuscht und bemitleiden uns selber. Wie arm wir doch dran sind als Christen, und wie erbärmlich unsere Gemeinde ist, die Kirche.

Unter den Anwesenden kam Unruhe auf. Worauf wollte er hinaus, der alte, knochige Vorsteher, der sie herausfordernd musterte?

Jetzt reckte er seinen Arm in die Luft und wedelte mit dem Pergament in seinen Händen. Ja, meine Freunde, hob er wieder an, da ist uns ein Brief zugeleitet worden, ein Sendschreiben, adressiert an die Gemeinde in Philadelphia, also an uns alle, und daraus lese ich zuerst mal einen kleinen Abschnitt; den Rest später, wenn ihr die Ohren wieder aufstellen könnt, um das Ganze zu hören. Erst einmal nur diesen Abschnitt, wo es heißt: „Das sagt der Heilige, der Wahrhaftige, der da hat den Schlüssel Davids, der auftut und niemand schließt zu." – Ja, liebe Schwestern und Brüder, *wer* sagt denn da etwas zur Gemeinde in Philadelphia, also zu uns? Was? Niemand anderes als Jesus Christus selbst, unser Herr! Und wie lautet seine Botschaft? Hört gut zu: „Ich weiß deine Werke. Siehe, ich habe vor dir gegeben eine offene Tür, und niemand kann sie zuschließen. Denn du hast eine *kleine Kraft* und hast mein Wort behalten und hast meinen Namen nicht verleugnet... Darum will ich dich bewahren vor der Stunde der Versuchung... Siehe, ich komme bald."

Der Alte rollte das Schriftstück sorgfältig zusammen und schaute mit einem Lächeln in die Runde. Dann holte er kräftig Atem und begann aufs Neue:

Er komme bald, sagt unser Herr, habt ihr gehört? Das ist Advent, sein Ankommen unter uns. Wir warten ja auf ihn – oder vielleicht doch nicht? Nicht so recht? Und nicht so ganz ehrlich? Ich komme bald, sagt er. Wozu? Ja, habt ihr schon mal drüber nachgedacht, *wozu* er denn eigentlich kommen will? – Du da, der seine Geschäfte macht mit Gewürzen aus Indien und Arabien und der auf Wachstum schwört, auf Erfolg und Gewinn und eine Zunahme an Menschen in der Gemeinde, Zunahme an Kapital, an Einfluss – auch für die Kirche; stellst du dir vor, der Herr Christus komme zu seinem Advent, damit sein Laden hier besser floriere und die Zahlen stimmen und das Wachstum kein Ende nimmt und dieser Raum hier nicht mehr ausreicht für die Menge, die hineindrückt, und größere Kirchen auch nicht langen, gewaltige Hallen auch nicht, kaum dass ein Stadion genug Platz böte für die Begeisterten? –

Oder du mit deinem schönen farbigen Umhang; meinst du, der Christus wolle kommen, um sich als besonders toller Wahrsager auf dem Markt zu präsentieren und den Leuten aus der Hand die Zukunft zu lesen und ihnen alles genau ins Ohr zu flüstern, was sie so gerne hören wollen?

Oder du, der's gern lustiger und bunter hätte in Gottesdienst und Kirche, ein bisschen Zirkus und ein bisschen Varieté vor Altar und Kanzel? Meinst du, Christus wolle kommen zu seinem Advent, um ein großes Theater zu veranstalten, woran die Leute ihr Vergnügen haben und wovon nachher die ganze Stadt schwätzt? Meinst du, es würde ihn froh machen, wenn wir Christen fleißig katzbuckelten vor den Größen in der Stadt und uns lieb Kind machten bei den Mächtigen, dass die uns ab und zu auf die Schultern klopfen, als wären wir ganz einig in unseren Zielen und einig sogar in dem, was wir anbeten? –

Ich will euch sagen, wozu er kommt, meine Lieben, und ich entnehme es diesem Sendschreiben hier. – Dabei klopfte er mit dem gerollten Pergament in seine offene Handfläche.

Siehe, ich komme bald, sagt der Christus, und davor hat er noch anderes gesagt, nämlich: Du hast eine kleine Kraft! Du, die Gemeinde in Philadelphia. Eine kleine Kraft. Das sagen wir im Grunde ja auch, wenn wir wieder mal dabei sind, uns zu bemitleiden. Und schielen dabei nach den Vorzügen und Wonnen einer großen Kraft. Und schämen uns über unsere kleine. Unsere mickrige Kraft. Die man eigentlich vergessen kann.

Christus erwähnt unsere kleine Kraft, aber – auffällig – *er* nennt sie nicht mickrig. Er findet sie nicht schäbig. Er winkt nicht ab, weil so ein bisschen doch zu vergessen sei. –

Wozu will er kommen? Ja, doch immer nur dazu: zu trösten und zu segnen, das ist es. Und er schickt uns diese Botschaft mitten hinein in unsere Niedergeschlagenheit und in unser Jammern: Ihr habt Kraft, eine kleine, aber doch auch Kraft. Und die ist was wert, denn sie ist gesegnet.

Und damit kam dem Alten eine Frau in den Blick, die etwas seitlich in der Ecke saß. Ich sehe dort die Anna sitzen, sagte er, jeder kennt sie, die treue Anna, die keinen Gottesdienst versäumt. Sie verdient ihren Unterhalt mit geringen Diensten, und ich weiß: Wenn sie keine Reinigungsarbeiten versieht und Stoffe wäscht und näht beim Textilhändler, dann macht sie Besuche. In vergessenen Winkeln der Stadt und bei vergessenen Menschen. Sie redet mit einem Kranken und sie tröstet eine Traurige und einem hungrigen Buben steckt sie ein Stück Brot in die Tasche. Kaum einer weiß davon, denn sie macht kein Aufhebens davon. Das ist die kleine Kraft, liebe Freunde, klein, aber doch Kraft. Und unser Herr Christus segnet sie.

Oder nehmen wir unseren braven Händler mit seinen Gewürzen, der vorhin gesprochen hat vom Wachstum und dass wir uns viel mehr kümmern sollten um unser Wachstum in der Gemeinde. Ich weiß, dass er auch anders sein kann. Dass er einem Bettler auf dem Markt nicht nur ein paar Münzen zuschiebt, sondern ihn auch mal mit sich nach Hause nimmt und ihm neue Kleider umhängt statt der Lumpen, die er auf dem Leib trägt. Das ist die kleine Kraft, von der Christus redet, und es ist die Kraft seiner Liebe. Bombastisches bringt man damit nicht zuwege, hier in der Stadt Philadelphia oder anderswo, und eine Sensation, über die sich neugierige Leute das Maul zerreißen, löst man wahrhaftig auch nicht aus damit. Aber diese kleine Kraft findet die Zustimmung unseres Herrn Christus. Findet seine besondere Wertschätzung, und er segnet sie. Sollten *wir* nun hergehen und verachten, was *er* segnet?

Und noch etwas. Der Alte war nun ganz eifrig und fingerte an seiner Pergamentrolle herum, öffnete sie und rief: Da steht noch ein Satz, liebe Schwestern und Brüder, den ich euch wieder ins Gedächtnis rufen will. Christus sagt nämlich: Darum (um eben dieser kleinen Kraft willen) will ich dich bewahren vor der Stunde der Versuchung. – Was meint ihr dazu? Die Stunde der Versuchung. Das kann dies und das bedeuten. Ich denke, er redet hier von der Versuchung, die sich immer wieder einschleichen möchte bei uns, sobald wir uns dem Selbstmitleid hingeben. Dem Selbstmitleid und dem Größenwahn. Denn unsere Versuchung besteht genau darin, dass wir die kleine Kraft, die uns gegeben ist, nicht wirklich achten und bejahen. Und stattdessen nach einer Riesenkraft Sehnsucht haben und von Massenerfolgen träumen und auf den besten Plätzen mit dem größten Einfluss sitzen möchten. Stunde der Versuchung. Christus verspricht, dass er uns und seine Kirche bewahren wolle darin. Und wie? Indem er uns erinnert an die kleine Kraft der Liebe, die er in unsere Herzen gegeben hat. Und indem er *kommt*, diese kleine Kraft zu erkennen und zu segnen.

Darf geträumt werden? Gibt es Visionen, die nicht verfliegen und zerplatzen wie Seifenblasen im Sommerwind? Woran darfst du dich halten, wenn die Hoffnung nicht sterben soll, früher oder später?

Totensonntag / Ewigkeitssonntag

AM ENDE – DER ANFANG
Offenbarung 21, 1-5

„Siehe da, die Hütte Gottes bei den Menschen! Und er wird bei ihnen wohnen, und sie werden sein Volk sein, und Gott selbst wird bei ihnen sein"
(Offenbarung 21, 3).

Totensonntag oder Ewigkeitssonntag, es sind zwei Seiten derselben Sache. Tod betrifft mehr die dunkle Seite, Ewigkeit mehr die helle. Gebräuchlich ist nach wie vor die Rede vom Totensonntag. Man denkt an die Verstorbenen; die aus der Familie, die aus Freundschaften, auch die Opfer von Anschlägen, Unfällen, Katastrophen. Der Tod ist auf allen Seiten um uns, „Gevatter Tod" sagen die alten Märchen, „Freund Hein" sagte Matthias Claudius. Das hat sogar etwas von Vertrautheit.

Mit der Ewigkeit ist das schwieriger. Sie scheint nicht nahe zu sein um uns herum wie ein weites Gewand, das uns umgibt. Oder wie ein Blumengarten, in dem wir uns ausruhen können. Oder wie ein Freund, der uns begleitet und uns manchmal die Hand auf die Schulter legt. Ewigkeit, das scheint ferner zu liegen, viel, viel ferner. In einem eher nebelgrauen Irgendwo. Und wir kennen die Stimmen von Menschen (auch Stimmen in uns selber), die sagen: Gibt es sie denn, die Ewigkeit? Oder ist sie ein Traum? Ein schöner Traum, gewiss, unendlich oft geträumt von unzählig vielen Menschen, aber – nüchtern betrachtet – eben doch nur eine Illusion?

Im letzten Buch der Bibel erscheint am Ende so ein Traum, eine Vision von der Ewigkeit. Es ist ein schöner Traum, und es ist ein schöner Text, und ich denke, das ist schon etwas in einer Welt voller Alpträume und Schreckensvisionen, von denen die Johannes-Offenbarung übervoll ist und die uns auch sonst in die Seele gebrannt werden wie mit Brenneisen. Die schöne Vision vom neuen Himmel und der neuen Erde und der Wohnung Gottes ganz nah bei den Menschen.

Am Ende – ein Anfang! Die Reihenfolge, die uns geläufig ist, geht so herum: vom Anfang zum Ende. Am Anfang des Lebens steht die Geburt, am Ende der Tod. Ein Buch liest man auch vom Anfang bis zum Ende, außer den speziellen Lesern, die das Ende nicht abwarten können und deshalb fürs Erste die letzten Seiten durchlesen. Aber die Ordnung besagt eben doch: vom Anfang zum Ende. Von A bis Z. Von Alpha bis Omega. Es ist der Zeitverlauf, in dem Leben sich allmählich verbraucht, nach und nach erschöpft und schließlich am Ende ist. Der Zeitverlauf, in dem alles hinläuft auf den Tod. Alle Straßen enden einmal in diesem großen, dunklen, unendlichen Raum, den wir Tod nennen.

Auffällig ist nun, dass diese Ordnung zwar die für uns natürliche, bekannte Ordnung ist, aber irgendwie doch nicht die der Bibel. Am Anfang steht da die Schöpfung, ja – und am Ende das Aufhören der Schöpfung, ihr Zerfall, ihre Vernichtung, Absturz ins Nichts? Keineswegs! Sondern: am Anfang die Schöpfung, am Ende die Neuschöpfung! Am Anfang das Gute, aber verwoben mit Mängeln. Am Ende das Vollkommene.

Weiter: Das Buch der Bibel endet mit der Offenbarung des Johannes. Und am *Ende* dieses Buches steht ein *Anfang* ohnegleichen. Aussicht auf einen neuen Himmel, eine neue Erde, Wohngemeinschaft mit Gott. Leben ohne Tod. Alles scheint wie umgekehrt: Der Tod ist hier nicht das Ende des Lebens, wie wir das kennen und oft genug ja auch zaghaft oder heftig beklagen. Der Tod ist hier nicht Ende des Lebens, sondern der Tod selber ist am Ende, weil nach ihm, über ihn hinaus, ihn endgültig hinter sich lassend, das Leben erscheint, strahlend wie eine geschmückte Braut. Umkehrung also: das Ende – und dann der Anfang. Der Tod und dann – Leben. Ein Traum nur? Nicht die Wahrheit?

Noch etwas in diesem Zusammenhang: unser Kirchenjahr. Es endet bekanntlich mit dem Totensonntag. Ja, und dann? Folgt der 1. Advent. Der Totensonntag ist nicht der große schwarze Vorhang, der heruntergelassen wird, wenn das Spiel auf der Bühne zu Ende ist. Er ist vielmehr das offene Tor zu einem neuen Anfang: zum Advent, zum gewissen Warten auf Gottes Kommen. Nicht nur vom Anfang zum Ende heißt also die Ordnung, sondern anscheinend auch umgekehrt: vom Ende zum Anfang.

Von Dietrich Bonhoeffer heißt es, er habe in Flossenbürg 1945 unmittelbar vor seinem Gang zur Hinrichtung gesagt: „Dies ist das Ende. Für mich der Anfang des Lebens." – Das ist gemeint. Und daraufhin zielt auch die wunderbare Vision des Sehers Johannes. Bleibt sie auch für uns heute glaubwürdig?

Erwähnen wir eher beiläufig, dass Johannes diese Vision vom neuen Anfang nach dem Ende keineswegs aus dem Nichts geschöpft hat. Er hat sie jedenfalls auch aus der Bibel geschöpft, sehr in Anlehnung an das Buch des Jesaja, Kapitel 65. Das heißt: Johannes sieht, was schon lange vor ihm gesehen wurde. Es geht ihm offenbar nicht um das Originelle, noch nicht Dagewesene. Es geht um das Gültige. Was gilt – und was nicht?

Für mich persönlich beruht die Glaubwürdigkeit der Vision nicht zuletzt auf ihrer Bodenhaftung. Träume können so beschaffen sein, dass sie alle Bodenhaftung verlieren. Das hier ist anders. Das hier kennt sich aus mit dem Leben und – wichtiger noch – verschließt nicht die Augen vor dem Schweren, dem Belastenden im Leben. Und das nenne ich Bodenhaftung. Am deutlichsten wird sie bei Erwähnung der Tränen. Die Tränen, die geweint werden im Leben eines Menschen. Die Tränen, die geweint werden in der Geschichte der Menschheit.

Sicher, es gibt auch Freudentränen. Und das Herz kann einem aufgehen beim Anschauen von Freudentränen, die Menschen, überwältigt vom Glück, nicht zurückhalten können. Aber die sind jetzt nicht gemeint. Sondern die andern, die der Schmerz herausdrängt aus den Augen. Es gibt die äußeren Verwundungen an unsrem Körper, die lassen Blut hervortreten. Und es gibt die inneren Verwundungen in unsrer Seele, die lassen Tränen hervortreten. Wo einem Menschen die Tränen kommen, gehen wir deshalb auch möglichst behutsam mit ihm um. Wenn wir es nicht wissen, so ahnen wir doch, dass seine Seele in diesem Augenblick ist wie eine offene Wunde.

Es ist ja erst in neuerer Zeit so geworden, dass man Tränen nicht verstecken muss. Ich kenne noch die Erziehung zu einer Form von Männlichkeit, in der Tränen zu unterbleiben haben. Wer heult, ist ein Waschlappen. Eine Heulsuse. Weinen war da ein Zeichen von Schwäche, war Versagen. Und Versagen war Blamage.

Auch da können wir lernen aus der Bibel – und haben vielleicht auch viel gelernt inzwischen. Tränen sind nichts Blamables. Sie sind Teil unseres Lebens. Als Tränen der Trauer, Tränen des über alle Kräfte gehenden Verlustes. Auch Tränen der Enttäuschung, der Verzweiflung. In Tränen sind wir – so oder so – am Ende.

Und doch: Gott ist immer uns Menschen am nächsten, wo wir Menschen selber unsrer eigenen Menschlichkeit am nächsten sind. Unsrer eigenen Menschlichkeit am nächsten, das sind wir – weiß Gott! – nicht immer. Wo wir nur stark sind, unnahbar, unanfechtbar, da können wir uns weit entfernen von unsrer eigenen Menschlichkeit. Da können wir einen Panzer um unser Herz gelegt haben und nur noch Augen für das, was uns angeblich Vorteile bringt. Aber dort, wo wir in Tränen stehen, zu Tränen gerührt oder in Tränen aufgelöst; wo eine Verwundung unsres Herzens die Tränen hervortreten lässt, da sind wir unsrer eigenen Menschlichkeit nah. Da brauchen wir nichts mehr als Behutsamkeit um uns herum. Und genau da ist Gott uns ganz nah.

Nah mit seiner göttlichen, gnädigen Behutsamkeit. Wie einer, der da ist, ganz dicht dabei, und die Tränen abwischt von den Augen.

Dieses Bild in der Vision vom Lebensanfang nach dem Ende – es ist eines der schönsten und der tiefgehenden Bilder in der Bibel. Die Tränen abwischen, das kennt man von einer Mutter gegenüber ihrem Kind. Und das kennt man von einem Pflegenden gegenüber einem Kranken oder alten Menschen. Es ist Diakonie der Liebe, wie in einem Brennspiegel zusammengefasst. Praktischer Trost. Wir haben manchmal Mühe auszudrücken, was wirklicher Trost sein könnte. Und merken, dass Worte da mitunter nicht reichen, weil sie platt sein können und leer wie Hülsen, aus denen niemand etwas Nahrhaftes entnehmen kann. Aber in einer kleinen, unscheinbaren Geste kann eine unendliche Kraft des Trostes stecken. So beim Abwischen von Tränen. Beim behutsamen, unaufdringlichen und nichts als Nähe und menschliche Verbundenheit ausdrückenden Abwischen der Tränen, die jemand weint. Es ist dies ja nicht allein der Vorgang, der die Augen trocknet. Es ist wesentlicher der Vorgang, der die Seele berührt und etwas zur Heilung ihrer Wunden beiträgt. Und darum denke ich auch: Wo auf solche Weise Trost geschieht; wo einem Menschen in seinem Schmerz, in seiner Trauer, in seiner unverstellten Menschlichkeit die Tränen abgewischt werden, da ist Gott dabei. Gott, der Tröster, der Barmherzige. Gott, der Schöpfer, der Leben will und nicht Tod.

Solche Nähe Gottes hält der Seher fest in dem anderen Bild: Siehe da, die Hütte Gottes bei den Menschen. Die Hütte oder das Zelt. Das ist es im Grunde, was die Bibel mit dem Wort „Ewigkeit" meint. Also gerade nicht das Fernliegende, unendlich weit weg, worüber man viel phantasieren, woran man aber auch viel in Frage stellen kann. Nein, Ewigkeit, das ist die „Hütte Gottes bei den Menschen". Wohnung Gottes unter uns. Wie bei guten Nachbarn, ganz in der Nähe, und zwar stetig.

Wir haben viel Mühe, auch viel Anfechtung bei Erfahrungen von der Abwesenheit Gottes. Wo war Gott, als die von Terroristen gesteuerten Maschinen in die Türme von Manhattan hineinrasten? Wo war Gott, als Menschen, von Fluten überrascht, alles verloren, nicht wenige sogar ihr Leben? Ja, und auch dies: Wo war Gott, als Jesus, am Kreuz hängend, seinen letzten Schrei tat? Bittere, unlösbare Fragen bei so vielen Erfahrungen von der Abwesenheit Gottes. Sie machen zu schaffen, wahrhaftig. Aber sie sind nicht das Ende. Nicht das Ende vom Lied der Schöpfung Gottes und nicht das Ende vom Lied des Lebens. Das Ende vom Lied heißt: Anwesenheit Gottes. Die Hütte Gottes unter den Menschen, nicht einmal, nicht für eine besondere, kurze Zeit, sondern für immer. Das ist Ewigkeit! Es ist Ewigkeit, die vom Tod nicht verschlungen werden kann, weil sie ihrerseits den Tod aus dem Spiel gebracht hat. Wenn Gottes Wohnung andauernd unter den Menschen ist, dann ist viel Platz fürs Leben, aber kein Platz für den Tod.

Kein Platz für den Tod. – Eine schöne Aussicht, ja. Aber wir wollten auch sehen, ob sie glaubwürdig wäre. Würdig, geglaubt zu werden. Wer wüsste anderes, das würdiger wäre, geglaubt zu werden angesichts der Erfahrungen von Ende und Tod, von Schmerz und Tränen?

Gott gebe, dass wir glaubwürdig finden können, was er uns auftun und zeigen will. „Herr, ich glaube, hilf meinem Unglauben!"

Das Datum von Ostern ist festgeschrieben im Jahreskalender.
Die Geschichte von Ostern wird erzählt in den Evangelien.
Die Bedeutung von Ostern erklingt in Liedern, die das Leben feiern.

Ostern

EIN ÖSTERLICHES SOMMERLIED
Paul Gerhardts „Die güldne Sonne"

STROPHE 1:
Die güldne Sonne
voll Freud und Wonne
bringt unsern Grenzen
mit ihrem Glänzen
ein herzquickendes, liebliches Licht.
Mein Haupt und Glieder,
die lagen darnieder,
aber nun steh ich,
bin munter und fröhlich,
schaue den Himmel mit meinem Gesicht.

Wenn ein Dichter, zumal ein christlicher Dichter von der Sonne singt, meint er natürlich das Gestirn am Himmel, das die Nacht zum Tage verwandelt und die Kälte in Wärme. Aber es ist immer zugleich noch mehr dabei. Mir geht es so, dass ich bei der ersten Strophe dieses Liedes auch etwas Österliches heraushöre. Nicht nur etwas vom Aufstehen, sondern auch vom Auferstehen. Was jeden Morgen geschieht, kann auch Zeichen für das Einmalige, das Wunderbare sein: fürs Auferstehen aus der Nacht des Todes. „Mein Haupt und Glieder, die lagen darnieder" – das betrifft die Nacht und den Nachtschlaf, es lässt aber zugleich die Gedankenverbindung zu an die Nacht des Todes, an das Darniederliegen, aus dem es von selber kein Erwachen und kein Aufstehen aus eigener Kraft mehr gibt. Wir werden sehen, dass diese Thematik dem Lied keineswegs aufgesetzt ist, sie kommt ausdrücklich zu Wort in den Strophen sieben und acht: „Alles vergehet" und in der letzten Strophe „Kreuz und Elende".

Jeder Sonnenaufgang am Morgen hat also etwas an sich von der Bedeutung des österlichen Morgens, von dem ja auch präzis erzählt wird im Evangelium: Die Frauen kamen zur Gruft, als „die Sonne eben aufgegangen war" (Markus 16,2). Die Sonne wird da zum Symbol des neu beginnenden Lebens. Sie begrenzt und beendet die Nacht und auch das, was wir gefühlsmäßig mit Nacht verbinden, das Düstere, Traurige. Lebensfeindliche, den Tod. Jedes Aufstehen am Morgen also, das Erheben des Körpers, kann zum Abbild der Auferstehung werden, die Christus erlebt hat und zu der er ermächtigt. Kein Wunder deshalb, dass Paul Gerhardt die Strophe schließt mit den Worten: „Aber nun steh ich, / bin munter und fröhlich,/ schaue den Himmel mit meinem Gesicht."

Diese Fröhlichkeit durchzieht das ganze Lied. Und man sieht förmlich den Dichter, wie er dasteht am Morgen, der etwas von der Schönheit des Schöpfungsmorgens und etwas vom geheimnisvollen Glanz des Auferstehungsmorgens an sich hat. Und der Dichter steht da und sein Blick geht fürs erste nach oben: „schaue den Himmel mit meinem Gesicht". – Der Himmel ist das, was über uns ist; auch das, was uns über ist. Was wir also nicht herabholen oder herabziehen sollen auf unsere Ebene, auf unser Niveau. Der Himmel, möchte ich sagen, ist das Einzige in der Welt, wo wir mit unserem Niveau getrost darunter bleiben sollen. Denn solches Darunterbleiben hat mit Staunen zu tun, mehr noch: mit Ehrfurcht. Wir können auch sagen: mit Andacht. Man kann gegen alle Hierarchien in der Welt sein und die Auffassung vertreten, es müsse alles auf die gleiche Ebene, ohne Höhen und Tiefen. Gesellschaftlich hat das natürlich seine Gründe und seine Berechtigung, aber hier? Eine Einebnung des Himmels, selbst wenn sie gelingen könnte, machte die Erde und alles Leben auf der Erde flach. Niemand würde mehr nach oben schauen. Niemand würde, bei seinem staunenden Schauen nach oben, so etwas wie Ehrfurcht und Andacht empfinden. Ob dann nicht auch die ganze Fröhlichkeit, von der und aus der heraus der Dichter singt, allmählich versickern und versanden müsste wie eine Zisterne in der Wüste, zu der nichts mehr einströmt von oben?

STROPHE 2:

Mein Auge schauet,
was Gott gebauet
zu seinen Ehren
und uns zu lehren,
wie sein Vermögen sei mächtig und groß.
und wo die Frommen
dann sollen hinkommen,
wann sie mit Frieden
von hinnen geschieden
aus dieser Erden vergänglichem Schoß.

Das Schauen aus der ersten Strophe wird jetzt betont noch einmal aufgenommen: „Mein Auge schauet, was Gott gebauet." Das erinnert an die Schöpfung und die Schöpfungswerke Gottes. Der Morgen eines neuen Tages, der innerlich mit dem Morgen der Auferstehung zu tun hat, führt gewissermaßen ein in eine *Schule des Sehens*. Bloß verschlafene Morgenmuffel sehen so gut wie gar nichts, und ein bisschen von dieser Beschränkung kennen wir vermutlich alle. Wirklich sehen zu können, das ist eine Frage des Aufgewecktseins. Wem die Augendeckel immer wieder zuklappen, der ist äußerlich verschlafen und innerlich gelangweilt. Er sieht nichts außer den paar Dingen, die in seiner Nähe sind und die er einfach nicht übersehen kann. Aber er sieht ohne Zusammenhang und ohne Hintergrund sozusagen. Er sieht eben Dinge, aber nicht Teile der Schöpfung, nicht Spuren eines schöpferischen Willens. Er sieht oberflächlich und ohne Tiefenschärfe.

Hellwach wie der Dichter ist dagegen, wer sehen und sich im Sehen sozusagen hingeben kann. Dazu braucht es ein bisschen Zeit, und dazu braucht es Aufgeschlossenheit. Zu uns und in uns eindringen kann ja immer nur, wem wir auch aufzumachen bereit sind: die Tür unseres Sehens, die Tür unseres Hörens und damit immer zugleich und nicht zuletzt die Tür unseres Herzens.

STROPHE 3:

Lasset uns singen,
dem Schöpfer bringen
Güter und Gaben;
was wir nur haben,
alles sei Gotte zum Opfer gesetzt!
Die besten Güter
sind unsre Gemüter;
dankbare Lieder
sind Weihrauch und Widder,
an welchen er sich am meisten ergötzt.

Empfangen und Geben bestimmen den Rhythmus des gelingenden Lebens. Nur empfangen und nur empfangen wollen ist einseitig, es macht abhängig und auf eine schädliche Weise anspruchsvoll. Nur geben ist genauso einseitig. Es powert aus, macht auf die Dauer leer, es erschöpft einen äußerlich und innerlich.

Die allererste und vermutlich auch die allerwichtigste Gabe von uns Menschen ist der Dank, sagt der Dichter. Wenn von Dankopfer die Rede ist, wird damit sofort angezeigt, dass es sich um einen Dank an Gott handelt.

„Lasset uns singen", so hebt diese dritte Strophe an, die ein Echo auf die Wunder des Lebens bildet. Singen ist kein Pflichtprogramm, normalerweise jedenfalls. Im Singen macht sich die Seele Luft. „Wes das Herz voll ist, des geht der Mund über" (Matthäus 12,34), und zwar ursprünglich und unmittelbar im Singen und Jubeln. Dahinter steht nicht die Forderung irgendeines anderen, der man gehorsam Folge leistet. Es geschieht aus innerem Antrieb, und darum ist es eine Lust. Die Fröhlichkeit, die Paul Gerhardt in seinem Lied zum Ausdruck bringt, *hat* Lust zum Singen und sie *macht* Lust zum Singen. Für Gott, so sagt der Dichter, ist das die schönste Form von Dank.

STROPHE 4:

Abend und Morgen
sind seine Sorgen;
segnen und mehren,
Unglück verwehren
sind seine Werke und Taten allein.
Wenn wir uns legen,
so ist er zugegen;
wenn wir aufstehen,
so lässt er aufgehen
über uns seiner Barmherzigkeit Schein.

Man könnte auf den Gedanken kommen, es werde in diesem Lied von der güldenen Sonne doch alles zu freundlich gefärbt. Wo bleiben die Schatten, wo ist das Schmerzliche, das Trübe? Wer sich ein bisschen in der Biographie des Dichters auskennt, der weiß, dass Paul Gerhardt keinen Anlass hatte, die Wirklichkeit schön zu verzeichnen. Er hatte Schweres genug zu verkraften in Familie und Beruf. Aber er hat daraus *nicht* eine Bilanz gezogen, die besagt: „Kreuz und Elende, das nimmt *kein* Ende!" Die letzte, die zwölfte Strophe, sagt es exakt andersherum: „Kreuz und Elende, das nimmt ein Ende." Die Nacht, die erlebt wird, ist keine ewige Nacht. Sie kann es nicht sein, seit auf die Nacht des Todes Christi der Morgen von Ostern gefolgt ist, erleuchtet von der Sonne des neuen Lebens. Für den Dichter war dies die unumstößliche Wahrheit, und das Licht, das von hier ausging, war allemal stärker als die Betrübnisse und die Dunkelheiten, die das Leben tatsächlich nun auch zumutet.

Das bedeutet freilich, dass der Dichter nicht übersieht, was seiner Fröhlichkeit schaden könnte, aus der heraus er sein Lied singt. Diese Fröhlichkeit ist im Grunde Osterfröhlichkeit, sagten wir, Ausdruck von Auferstehungsgewissheit. Aber sie kann natürlich leiden, diese Fröhlichkeit. Sie kann Schaden nehmen. Ihr kann böse zugesetzt werden. Hält sie das aus – und hält sie durch dabei?

Von Strophe 4 an beschäftigt sich der Dichter in mehreren Anläufen mit den Gefährdungen der Fröhlichkeit. Es sind vor allem drei (bei anderer Zählung auch fünf oder sechs), nämlich: Sorgen, Neid und Vergänglichkeit.

Die vierte Strophe widmet sich der vielleicht alltäglichsten Gefahr für die Fröhlichkeit: den Sorgen. Sorgen können einen innerlich ausfüllen bis zu den Haarwurzeln und Tag und Nacht mit Beschlag belegen. – Paul Gerhardt wirft sie mit einer großen heiteren Gebärde auf Gott zurück: „Abend und Morgen sind seine Sorgen." So konnte Jesus bekanntlich sagen: „Sorget nicht!" Und das war bei ihm nun wahrhaftig keine geistige und seelische Gleichgültigkeit und Empfehlung zum allgemeinen Schlendrian. Sondern es war die andere Seite, die Kehrseite seines Vertrauens zu Gott, sagen wir ruhig: seines fröhlichen Vertrauens zu Gott. Genauso endet die vierte Strophe, wieder mit Anspielung auf die Sonne und das Licht, das Leben schenkt und Anlass zum Fröhlichsein gibt: „Wenn wir aufstehen,/ so lässt er aufgehen / über uns seiner Barmherzigkeit Schein."

STROPHE 6:

Lass mich mit Freuden
ohn alles Neiden
sehen den Segen,
den du wirst legen
in meines Bruders und Nähesten Haus.
Geiziges Brennen,
unchristliches Rennen

> *nach Gut mit Sünde,*
> *das tilge geschwinde*
> *von meinem Herzen und wirf es hinaus.*

Die zweite Gefährdung der Fröhlichkeit liegt im Neid. „Lass mich mit Freuden, / ohn alles Neiden, sehen den Segen..." Der Neid ist eine Schlange mit giftigen Zähnen. Sie schnürt die Seele ein und infiziert sie mit tödlichen Spritzen. Wer den Neid bei sich einlässt, jagt alle Fröhlichkeit hinaus. – Wir sagen, dass jemand von Neid zerfressen wird. Ganz so schlimm muss es nicht immer werden, aber Neid hat es unbedingt an sich, schädlich zu sein. Er will mehr, weil andere anscheinend mehr haben, aber er gibt an keiner Stelle, er nimmt bloß. Nimmt auch die Fröhlichkeit weg.

Was sich da wie eine giftige Schlange einnistet im Herzen, Paul Gerhardt kennt es und bittet Gott, es hinauszuwerfen. Wenn der Mensch es nicht allein schafft, mag Gott ihm dabei helfen, die innere Hausordnung wieder herzustellen, nach der im Herzen die Fröhlichkeit Wohnrecht haben soll, nicht diese giftige Schlange Neid.

STROPHE 8:

> *Alles vergehet,*
> *Gott aber stehet*
> *ohn alles Wanken;*
> *seine Gedanken,*
> *sein Wort und Wille hat ewigen Grund.*
> *Sein Heil und Gnaden,*
> *die nehmen nicht Schaden,*
> *heilen im Herzen*
> *die tödlichen Schmerzen,*
> *halten dich zeitlich und ewig gesund.*

Die schwerste und empfindlichste Gefährdung der Fröhlichkeit ist der Tod. Alles ist vergänglich, alles hat seine Zeit, auch der Mensch. Kann man dies wissen und trotzdem fröhlich sein?

Paul Gerhardt übergeht die harte Wirklichkeit des Todes nicht und er schminkt sie auch nicht schön. Aber er lebt und singt in der Wahrnehmung von Ostern, wie wir gesehen haben, und danach ist der Tod eines, aber nicht alles. Wunderbar setzt der Dichter am Beginn von Strophe 8 den Gegensatz, der den inneren Grund für alle mögliche Hoffnung darstellt: „Alles vergehet, / Gott aber stehet..." Dieser Gott, der da steht, ist der Gott der Auferstehung, Gott, der Leben schafft aus dem Tod. Zu ihm führt der Weg auch so, dass man dem Tod entgegengeht, mehr mit Gelassenheit die einen, mehr mit Furcht und Zittern die anderen. Gott wartet auf uns, wo immer wir uns bewegen. Er wartet auch, wo es mit uns ans Sterben geht. Er wartet wie die aufgehende Sonne, die die Nacht beendet und neues Licht gibt und Helligkeit und die Kraft aufzustehen und den Himmel zu schauen mit fröhlichem Gesicht.